高职高专物业管理专业系列教材

物业环境管理与服务

全国房地产行业培训中心组织编写

张秀萍　主编

张弘武　主审

中国建筑工业出版社

图书在版编目(CIP)数据

物业环境管理与服务/全国房地产行业培训中心组织
编写. —北京:中国建筑工业出版社,2004
　(高职高专物业管理专业系列教材)
　ISBN 978-7-112-06620-9

　Ⅰ.物…　Ⅱ.全…　Ⅲ.物业管理—高等学校:技
术学校—教材　Ⅳ.F293.33

　中国版本图书馆 CIP 数据核字(2004)第 071682 号

高职高专物业管理专业系列教材
物业环境管理与服务
全国房地产行业培训中心组织编写

张秀萍　主编

张弘武　主审

*

中国建筑工业出版社出版、发行(北京西郊百万庄)

各地新华书店、建筑书店经销

北京市彩桥印刷有限责任公司印刷

*

开本:787×1092 毫米　1/16　印张:9¼　字数:224 千字
2004 年 8 月第一版　　2008 年 7 月第四次印刷
印数:6001—8000 册　　定价:**14.00** 元
ISBN 978-7-112-06620-9
(12574)

版权所有　翻印必究
如有印装质量问题,可寄本社退换
(邮政编码　100037)

本书遵循理论与实践相结合的原则,力求内容的科学性、连贯性和系统性。根据物业环境管理与服务的特点,全书共分为九章,分别介绍了规划设计基本知识、环境绿化管理与服务、环境卫生管理与服务、治安环境管理与服务、消防管理与服务、车辆道路管理与服务、物业区域的人文环境及环境保护等基本知识。

本书可作为高职高专物业管理专业、房地产经营与管理和社区管理等专业的教科书,也可以供从事物业管理工作的人员学习参考。

*　　　　*　　　　*

责任编辑:吉万旺
责任设计:孙　梅
责任校对:王金珠

《高职高专物业管理专业系列教材》编委会名单

（以姓氏笔画为序）

主　　任：肖　云

副 主 任：王　钊　杨德恩　张弘武　陶建民

委　　员：王　娜　刘　力　刘喜英　杨亦乔　吴锦群

　　　　　佟颖春　汪　军　张莉祥　张秀萍　段莉秋

参编单位：全国房地产行业培训中心

　　　　　天津工商职业技术学院

　　　　　天津市房管局职工大学

前　言

　　物业管理是在改革开放中兴起的一个新兴行业。物业管理行业的产生与发展,对于改善人民群众的生活、工作环境,促进房地产业的发展起到了积极而重要的作用。特别是随着国务院第 379 号令《物业管理条例》的颁布,标志着我国物业管理行业进入了依法管理的轨道,必将有力地促进我国物业管理行业的健康、有序的发展。

　　本书由张秀萍副教授担任主编,各章的编写执笔人是:第一章、第二章、第六章、第七章、第八章、第九章由张秀萍副教授编写;第三章由周志强副教授编写;第四章、第五章由杨亦乔副教授编写,本书在编写过程中得到了张弘武教授的详细审核,在此表示感谢。

　　本书在写作和出版过程中,得到编辑和各方面朋友的热情帮助和支持。另外,本书还引用和摘录了不少作者很有价值的论著和资料,在此一并致谢。

　　由于编著时间仓促,作者水平有限,书中难免存在许多问题和错误,敬请各位专家和读者批评指正。

目　录

第一章 绪 论

随着生活水平的不断提高,人们对工作及居住环境的要求也越来越高。《物业管理条例》的出台后,大家对物业管理也有了更深刻的认识。在《物业管理条例》中明确指出:物业管理是指业主通过选聘物业管理企业,由业主和物业管理企业按照物业服务合同约定,对房屋及配套的设施、设备和相关场地进行维修、养护、管理,维护相关区域内的环境卫生和秩序的活动。因此,业主和物业管理企业都有必要对物业的环境管理有更多的了解。

第一节 物业环境管理与服务的研究对象

物业环境管理与服务的研究对象包括许多方面,例如:区域内的生态环境、生活环境、服务环境等。

一、物业环境管理与服务的主要内容

物业环境管理与服务是相辅相成的,物业管理企业应该把管理寓于服务之中。人生大部分时间是在工作、居住的环境中度过的,因此,工作、生活环境的好坏对人们的影响很大。物业管理专业中的环境综合管理的目的是为物业所有人和使用人通过环境的综合管理创造出整洁、文明、安全、舒适的工作和生活环境,最终实现社会、经济、环境三个效益的统一和同步增长。

在环境综合管理工作中所涉及的主要内容有:绿化环境管理与服务、环境卫生管理与服务、治安环境管理与服务、交通环境管理与服务、消防管理与服务等。

人们随着经济收入和生活水平的提高,对居住条件的需求已从单纯考虑地段区位、面积大小、价格高低等发展到追求高标准的生活、工作环境和质量,那么,人们的这种需求,正是环境综合管理所要研究的核心内容,也是物业管理者为之奋斗的目标。

二、环境综合管理与服务的主要任务

物业管理专业中的环境综合管理与服务工作贯穿于物业项目的规划、设计、施工及后期管理等各个阶段。

环境综合管理与服务的主要任务包括:

(一)物业项目的规划设计方案

物业项目的规划设计实质上是与人们的工作、居住环境密切相关的综合环境设计,其目的是使人们在工作、居住环境中感到安静、安全、舒适、方便、环境优美。为了达到以上目的,环境综合管理应从以下几方面掌握规划方案的内容:

(1)居住、工作环境与人们的需求。

(2)物业项目的合理布局与其所形成的环境。

(3)公共建筑的合理布局与其所形成的生活环境。

(4)各类规划配套设施的完善程度。

（二）环境卫生管理与服务

环境卫生管理是环境综合管理的主要任务之一,其目的是净化环境,给物业项目的产权人及使用人提供一个清洁宜人的工作、生活环境。良好的环境卫生不但可以保持物业项目的容貌整洁,而且对于减少疾病、促进身心健康是十分有益的。同时,对社区的精神文明建设起着重要的作用。

（三）绿化环境管理与服务

环境绿化管理也是环境综合管理的主要任务之一。环境绿化与物业项目的环境密切相关,绿化工作搞得好,不仅有改善区域气候、净化空气、减少污染、防止噪声等作用,而且又有一定经济价值,它可以改善生态环境,反映出物业项目建筑风格的多样化,创造出美好的绿化环境,有利于人们消除疲劳,振奋精神。

（四）车辆道路的管理与服务

物业管理区域内车辆道路的管理包括:车辆管理、道路管理、交通管理。车辆道路管理也是环境综合管理的主要任务之一。它是为了维护物业正常工作、生活秩序而进行的一项专门性的管理与服务工作。合理的道路布置,反映出物业项目的交通环境。车辆、道路的管理对综合环境管理有着特殊的重要性,其主要作用表现在以下两个方面:

（1）能够保持物业项目与外界联系的顺畅、快捷。

（2）是工作、生活、生产安全、便利、舒适的保障。

通过对车辆、道路的管理,为业主提供一个良好的公共秩序、交通秩序和车辆停放秩序。

（五）协助公安部门维护公共区域内的公共秩序

公共区域内的公共秩序与维护是指物业管理企业为防止意外及人为突发事故而对所管物业项目进行的一系列管理与服务活动。公共区域的安全管理工作是物业管理中环境综合管理的主要任务之一。在整个物业管理中占有举足轻重的地位,公共秩序的好坏直接影响到整个社区的社会安定,为了保证物业项目有一个正常的工作、生活秩序,文明的安全环境,这就需要物业管理企业根据自己所管物业项目的不同,制订出不同的管理方案,为做好安全环境管理,奠定坚实的基础。

（六）消防管理工作与服务

物业管理中最常见的意外事故是火灾,它将会给物业使用人的生命及财产带来极大的危害。因此,搞好消防管理工作是物业安全使用和社会安定的重要保证。消防管理工作是物业管理中环境综合管理的主要任务之一。物业管理企业要针对所管项目的不同,制订出合理、科学的消防管理制度,熟悉消防设施、器材的配置与管理,并把工作重点放在宣传教育方面,贯彻"预防为主,防治结合"的方针,做好防火和灭火两个主要方面的消防工作。使全体物业管理人员和所有业主的工作及生活有一个安全、舒适的环境。这也是物业管理企业一项专门性的管理与服务工作。

（七）社区的人文环境

物业管理公司的企业形象及物业管理从业人员的基本素质能充分反映出物业管理工作中的管理水平。特别是在市场经济条件下,每个物业管理企业都要参与到市场竞争中去,那么企业的形象设计和创造企业的品牌是非常重要的,倡导一个优质的服务,良好的企业形象正是社会主义精神文明的具体体现。

居住区的环境,除了前边所涉及的安全、卫生、绿化、消防等诸多因素外,社区的精神文明建设也是反映一个社区精神风貌的重要因素,社区文化建设最重要的目标是以中国传统文化为背景,以居民精神风貌、文化心态为基础,营造出特有的社区意识,使居住区内的业主有认同感、归属感、自豪感。这样,对物业管理企业与业主之间的沟通和交流也起到举足轻重的作用。

（八）环境保护基本知识

环境保护是我国的一项基本国策,随着社会主义现代化建设的发展和经济改革的不断深入,环境保护工作越来越引起人们的关心和重视。作为物业管理者应掌握相应的环境保护基本知识才能更好地为广大业主及使用人提供优质服务,使他们能真正得到一个环境优美、清洁、安静的居住环境。

随着经济发展和人民生活水平的提高,对环境质量的要求也越来越高,因此,对大气污染、水质污染、噪声污染这三项国际公认的三大环境危害的防治,是物业管理者应充分掌握的基本知识。为居住在住宅小区的所有业主及使用人提供一个良好的环境。

第二节　物业环境管理与服务的重要性

《物业管理条例》第三条明确规定:国家提倡业主通过公开、公平、公正的市场竞争机制选择物业管理企业。因此,物业环境管理与服务的好坏,直接影响到物业管理企业的市场竞争能力。我们抓住几项主要工作,并把它做好,便能充分体现出管理者的管理水平,从而在市场竞争中立于不败之地。

一、环境综合管理与服务的主要作用

（一）掌握规划设计原理,提高物业的价值

（1）通过对区域规划与需求方面的调查,掌握居民对环境的需求,从而设计出居民满意的物业项目,实现经济效益与环境效益的统一。

（2）居住区质量评价,评价居住区质量的好坏,主要看它的综合环境。要充分考虑社会效益、经济效益和环境效益三个方面的要求,从而满足居民物质文明和精神文明的需求。

物业管理者只有充分掌握以上内容,才能实现早期介入的可能性,对不利于今后管理的规划方案,提出合理化建议,为后期的物业管理扫清障碍,体现以服务为主,一切从居民的利益出发做到管理与服务相结合、服务与经营相结合,得到物质文明、精神文明的双丰收。

（二）提供良好的生活环境、保护居民身心健康是物业管理者的工作目标

综合环境管理是通过环境卫生管理、绿化环境管理、车辆道路管理、治安环境管理、消防管理等不同方面对住宅小区及商贸楼宇进行全方位的服务,从而使广大业主及使用人拥有一个良好的居住环境,以满足生活、工作的需要。

二、综合环境管理的社会效益、经济效益及环境效益

一个人每天大约有 $13\sim14$ 个小时是在"家"里度过的,如果人的平均寿命以 75 岁计算,那么 在"家"中生活的净时间为 53 年左右,约占生命期的 70％,可见住宅对人类生存的重要性。

随着城镇住房制度改革不断推进,已基本实现了住房商品化。人们对居住环境的要求越来越高,对于目前居住环境的心理需求,应从以下几方面研究:安全感、健康度、私密性、开放性、自主性、灵活性、方便性、趣味性、自然回归性、舒适性等多方面。作为物业管理者应

对人们对居住环境的心理需求进行分析,通过科学的管理手段和专业化管理技术来实现社会效益、经济效益、环境效益的统一。

（一）社会效益

物业管理的社会效益首先表现在为居民提供一个安全、舒适、和睦、优美的生活环境。这一 环境不仅是指居室、楼宇内的,而且还指整个社区的治安、交通、绿化、卫生、文化、教育、娱乐等方面。它对于调节人际关系、维护安定团结,具有十分重要的意义。

（二）经济效益

物业管理的经济效益从多方面得以体现:

(1) 从业主角度看　小区管理搞得好,住房的主体结构、设备设施能延长其使用寿命,使业主的经济利益得到保障。

(2) 从开发企业角度看　小区管理不仅有利于房屋销售,而且有利于开发企业的较高的售房价格,获取更大的利润。

(3) 从物业管理企业角度看　如果小区管理得当,通过开展多种经营、提供各种有偿服务,肯定会弥补管理费不足的问题,取得良好的经济效益。

(4) 从政府角度看　如果没有小区物业管理,政府要投入大量的人力、物力用于房屋维修和环卫、治安、绿化和市政设施上。而实行小区物业管理后,政府不仅不需要投资,而且还可以向物业管理企业收取税收。从这两方面看经济效益是很明显的。

（三）环境效益

小区内的水、电、煤、阳光、空气、通风、道路布局、安全、建筑和人口密度等各方面均与居民的身心健康密切相关。小区通过综合环境的管理,有利于从根本上治理好脏、乱、差等现象,改善人们生活的环境。因此,搞好综合环境的管理,不仅有助于人们的身心健康,还对整个社区环境乃至整个城市的建设规模、格局和风貌产生积极的影响。

复习思考题

1. 试从不同角度分析物业管理的经济效益。
2. 试述环境管理的主要任务有哪些方面。

第二章　规划设计在环境管理与服务中的作用

随着人民生活水平的不断提高,居民对城市规划与建设将更为关注,对他们所生活的环境在环境保护与城市空间的景观组织方面也将有新的要求,因此,对于学习物业管理专业的学员来讲,掌握一些城市规划的基本知识,以及居住区的类型和规划结构的基本知识,将非常必要。

历史上任何居住形态的演变,总是同环境联系在一起的。著名的《环境心理学》专家相马一郎指出:"环境可以说就是围绕着某种物体,并对这物体的行为产生某些影响的外界事物。"随着时代的进步,人们对居住环境的需求,成为规划设计者、建设工作者、物业管理者必须给予足够重视的课题。

居民对居住环境的需求包括两个方面:即物质的需求和精神的需求。

美国著名的心理学家马斯洛曾提出:人的需求可分为五个层次:生理的需求(Physiological Need)、安全的需求(Safety Need)、友爱的需求(Love Need)、尊重的需求(Esteem Need)和自我实现的需求(Self Actualization Need),他认为人们首先追求较低层次的需求,只有在较低层次的需求得到合理的满足之后,较高层次的需求才会突显出来。

通过对居民调查分析,居民对环境的需求分为五个层次:生理需求、安全环境需求、社会需求、消闲需求和美的需求。

第一:生理需求是人类最基本的需求。新鲜的空气、充足的阳光、良好的通风、没有噪声的干扰、要求冬暖夏凉等是求得生存的保证,也是生理上优先的需要。

第二:安全的需求包括个人私生活不受侵犯,避免人身和财产遭受伤害和损失等也是一种求生存的基本需求。

第三:人与人的接触、邻里关系、互助互爱等社会交往的需求是文明社会中必不可少的人类活动。

第四:消闲指的是闲暇时间如何消遣。休息、游戏、文艺、体育、娱乐等,各人爱好不同,内容十分广泛。

第五:美的需求不仅指赏心悦目的景观,还包括环境的美,还指在这样的空间里人们感到生活是那么美好,产生一种自豪感,不禁令人自觉地尊重别人并受到别人的尊重。

随着人类的进步和社会的发展,人们会提出更多、更高的需求。在居住区规划与环境设计中,应精心规划、精心设计、全面满足业主的各种需求。

第一节　规划设计基本知识

每个项目的规划设计方案都会直接影响到今后的居住生活质量,国家技术监督局、建设部于1993年7月联合发布,1994年2月实施的《城市居住区规划设计规范》(2002年3月建设部对该规范作了局部修订),总结了城市居住区不断变化发展的经验,使之规范化、法制化。

一、基本概念

规划一词意味着提出的预期可实现的特定目的的决策,同时也可表明一种决策性的创作活动。规划是政府部门确立批准的计划,它对未来的发展方向具有广泛的、充分的、长期的预测,并制定有协调性的方针,为实现待定目标而提出的设想发展计划,如国土规划、环境规划、区域规划、城市规划、居住区规划、工厂规划以及建筑物单体的总图布置等,都是一种规划设计过程。

目前,规划成为国家统一控制的环境建筑发展计划,包括性质、规模、标准、城市布局,合理安排工业、交通运输、仓储、居住、公共建筑及园林绿地、道路广场、市政建设等。

(一)总则

建国以来,我国没有专门制订过居住区规划设计的统一的技术性规范。20世纪50年代基本套用原苏联的有关模式,1964年原国家经委、1980年原国家建委,虽先后在颁布有关的城市规划的文件中,对居住区的部分定额指标作了规定,但由于这些技术法规不完善,且原有规定已不适应新形势的要求,使城市规划、设计、管理部门在实际工作中缺乏应有的依据及必要的法制管理准则,致使相当一部分已建居住区出现配套设施不全,或布局不合理,或密度过高,导致居住生活环境质量下降等问题。既不能满足业主居住生活需要,更难达到社会、经济、环境三个效益的统一。

(二)居住区分级

根据居住区人口规模进行分级,可行、合理、符合国情。分级的主要目的是配置满足居民基本的物质与文化生活所需的相关设施;配置水平的主要依据是人口规模;分级配套适应综合开发、配套建设的方针;符合配套设施的经营和管理的经济合理性。经对大中小城市已建居住区的调查分析,根据与居住人口规模相对应的配套关系,将居住区划分为:

1. 居住区:30000~50000人
2. 小区:10000~15000人
3. 组团:1000~3000人
4. 主要依据

(1)能满足居民基本生活的三个不同层次的要求,即对基层服务设施的要求;对一套基本生活设施的要求;对一整套物质与文化生活所需设施的要求。

(2)能满足配套设施的设置及经营要求,即配套公建的设置,对自身规模和服务人口数均有一定的要求。

(3)能与城市的行政管理体制相协调。

二、与规划设计相关的主要因素

城市居住区规划与住房设计目标是要争取获得生活的基本质量以及与自然环境的协调。

居所的环境因素是由自然因素、人工因素和社会因素综合构成的,概括地说由居住环境质量和住宅建筑效果共同组成。

(一)居住区环境质量

(1)生态环境——包括人口密度、容积率、绿地率、气候环境等。

(2)生活环境——包括日照、通风、供水、供电、供热、通讯等。

（3）居住环境——包括交通、治安、消防、环卫、社区风尚等。

（4）服务环境——包括教育、文体、卫生、商业服务、物业管理等。

（5）景观环境——包括建筑小品、绿化小品、建筑照明等。

（二）住宅建筑效果

（1）平面空间布局——居室平面功能组合、卧室起居室良好的朝向、管道与管线的安装。

（2）环境效果——空气质量、饮水卫生质量、环境噪声、植被分布。

（3）物理性能——建筑物的采光、通风、保温、照明、隔声等。

（4）安全性能——建筑结构安全、使用安全、防火措施、建筑私密性等。

（5）建筑艺术性能——建筑群落与序列、建筑造型与色彩、建筑室内外装饰等。

三、总体规划与详细规划的主要任务

总体规划与详细规划的任务各不相同,详细规划是在总体规划的基础上进一步的深化和具体化。

（一）总体规划的主要任务

（1）确定城市的性质、规模和城市的发展方向。

（2）对城市中各项建设的布局和环境面貌进行全面规划。

（3）选定规划定额指标,并制定规划的实施和步骤。

（二）详细规划的任务

（1）对城市近期建设范围内的房屋建筑、市政设施、公共事业设施、园林绿化、城市人防工程和其他公共设施做出具体布置。

（2）选定技术经济指标,提出建筑空间和艺术处理要求。

（3）确定各项建设用地的控制性坐标和标高,为各项工程设计提供依据。

（三）详细规划的内容

（1）确定道路红线,道路断面,小区、街坊及专用地段主要控制的坐标、标高。

（2）确定居住建筑、公共建筑、公共绿地、公共活动场地、道路广场等项目的具体位置和用地。

（3）确定工业、仓库等项目的具体位置和用地。

（4）综合安排专用地段以外的各项工程管线、工程构筑物的位置和用地。

（5）主要干道和广场建筑群的平面、立面规划设计。

四、居住区质量评价

评价居住区质量的好坏,应看它的综合效果。综合效果中包含着社会效益、经济效益和环境效益,也就是通常所说的"三个效益一齐抓"。对于居住区来说社会效益是前提,因为规划和建设的主要目的是解决居民的居住问题。而社会效益是通过经济效益和环境效益来体现的。随着市场经济的发展,特别是实行住房商品化的今天,人们对居住质量,越来越重视,那么居民的环境意识及对居住环境质量的评价概括起来分为以下几个方面:

（一）居民方面的评价

（1）住宅的适用性(面积、居室组合、层数、设备等)。

（2）道路的通顺便捷程度(上下班、购物)。

（3）设施的方便和可靠程度(生活资料供应,水、暖、电供应)。

（4）生活安全和健康的保障（生命和财产安全、心理健康、环境污染的防治等）。

（5）居民的邻里关系与自治管理（居民组织及活动设施）。

（6）自然环境的亲切程度（自然环境的处理、景观设计等）。

（二）管理方面的评价

（1）便于居民的组织与管理。

（2）符合城市规划的要求及建设管理规章。

（3）有利于房屋管理与维护。

（4）符合环保规定。

（5）有利于防灾救灾。

（三）居住区的技术经济分析

居住区的技术经济指标一般包括以下几项内容：

1. 住宅平均层数

是指住宅总建筑面积与住宅基底总面积的比值（层）。

例如：×××居住区：

已知：三层建筑的总面积为：8594.7m²

四层建筑的总面积为：133813m²

五层建筑的总面积为：1203.5m²

总建筑面积为：143611.2m²

各种住宅楼占地面积：

三层：2864.9m²

四层：33453.3m²

五层：204.7m²

总占地面积为：36522.9m²

平均层数＝总建筑面积÷总占地面积＝3.93层

2. 住宅建筑套密度（毛）

每公顷居住区用地上拥有的住宅建筑套数。

3. 住宅建筑套密度（净）

每公顷住宅用地上拥有的住宅建筑套数。

4. 住宅面积净密度

也称住宅容积率，是指每公顷住宅用地上拥有的住宅建筑面积或以住宅建筑总面积与住宅用地的比值表示。

5. 建筑面积毛密度

也称容积率，是每公顷居住区用地上拥有的各类建筑的建筑面积或以总建筑面积与居住区用地的比值表示。

6. 人口净密度

每公顷住宅用地上容纳的规划人口数量。

7. 居住建筑用地指标

居住建筑用地指标决定于四个因素：

（1）居住面积定额（m²/人）

（2）居住面积密度（m²/ha）

（3）居住建筑密度（％）

（4）平均层数（层）

居住区的综合效益可以通过技术经济指标加以分析、评价,从而对居住区的质量进行综合考虑、全面衡量,使之能更好地满足居民的物质文明和精神文明的需求。

第二节　规划设计与环境管理的关系

根据《城市居住区规划设计规范》的规定:将需要进行统一规划的不同居住人口规模的城市居民居住生活聚集地统称居住区。居住区用地包括:住宅用地、公建用地、公共绿地、道路用地等四项用地,总称居住区用地。

居住区规划方案决定了居住区的生态环境、光环境、日照条件、通风条件等,一旦规划设计方案确定了,整个社区的环境也就确定下来,而且单靠后期管理与服务是很难改变整个社区环境的。

一、住宅布置与居住环境

住宅的布置与居住环境密切相关,它决定了住宅的光环境、声环境和通风条件等。

（一）住宅光环境

目前,住宅日照、采光及照明三个方面是改善住宅光环境的重要因素。

1. 住宅日照

阳光对人体健康和环境卫生起着非常重要的作用,在规划设计中,应很好地应用日照原理,合理地确定建筑的朝向、间距以及房屋的体形,为居民创造良好的日照条件。

（1）朝向　建筑物朝向主要由日辐射强度、当地主导风向、建筑物内部主要房间的使用要求和建筑物周围的道路及环境状况来确定。一般情况下人们总希望建筑物能达到冬暖夏凉的要求。按照我国所处的地理位置,南向是最受人们欢迎的朝向。根据太阳在一年中的运行规律,夏季太阳的高度角大,冬季较小,因此南向的房屋因夏季太阳的高度角大,从南向的窗户射到室内的阳光较少,反之冬季南向射进阳光较多,这就易于冬暖夏凉。

在确定建筑物朝向时,当地的夏季主导风向也不容忽视。有时根据主导风向,调整建筑物的朝向,能改善室内气候条件,为人们创造更为舒适的室内环境。

（2）间距　确定建筑物的间距应根据以下几个因素:

1）建筑物的日照。

2）通风等卫生要求。

3）建筑物的防火安全要求。

4）建筑群体空间造型艺术效果。

5）建筑施工条件的要求。

6）室外工程管线及环境绿化等方面的要求。

对于大量建筑物,日照间距通常是确定建筑物间距的主要因素,因为,只要满足日照间距的要求,其他要求也可以得到基本满足。

日照间距,是为了保证房屋内有一定的日照时间,以满足人们的卫生要求。要使建筑物之间互相不被遮挡,日照间距的计算,一般以冬至日与大寒日两级标准日的这一天正午,正南向房屋底层房间的窗台,能被太阳照到的高度为依据,确定日照间距。

日照间距计算公式为:

$L=H/\tan h$,式中 L 为建筑物间距,H 为南向前排房屋檐口和后排房屋底层窗台的高度;h 为冬至日正午的太阳高度角。一般房屋间距通 常是用房屋间距 L 和前排房屋高度 H 的比值来控制。如:$L=1.2H$、$1.5H$、$1.7H$ 等。我国大部分城市日照间距为 $1H\sim1.7H$。

不同类型的建筑物,从使用功能、卫生要求等的不同,对房屋间距有不同要求。

如:

学校建筑——为了保证良好的采光,间距应 $>2.5H$。(最少间距不少于 12m)

医院建筑——房屋间距应大于 $2H$;对于 $1\sim2$ 层病房,间距 $>25m$;$3\sim4$ 层病房,间距 $>30m$;传染病与非传染病房,间距 $>40m$。

2. 天然采光

我国于 1999 年开始实行《住宅设计规范》(GB 50096—1999)规定了住宅直接采光房间的窗洞口 面积与房间地面面积之比(窗地比)不应小于规定的数值:

卧室、起居室、厨房 1/7

厕所、卫生间、过厅 1/10

楼梯间、走廊 1/14

对于工作、学习要求较高的房间,采光面积比不同于住宅。如绘画屋、手术室、画廊等,采光面积比为:$1/3\sim1/5$。

在照明方面,各类房间平均照度应达到:起居室—50lx;厨房—75lx;餐桌—100lx;卫生间—30lx。

(二)住宅声环境

所谓声环境是指住宅内外各种噪声源,在住宅以内形成的对居住者在生活上、心理上产生影响的声音环境。与住宅的热环境、光环境相比,声环境的影响是更为长时期的,也是居住者本身不易改变的。关于噪声污染及其控制详见第九章环境保护基本知识。

(三)通风

在炎热的季节里良好的通风往往如同寒冷季节的日照一样重要。然而居室的通风有赖于居住区的空间组织,建筑布局要为整个居住区提供自然通风的环境。

常见平面布置方式有:

1. 过梳法

一般来说,开敞的空间比封闭的空间空气流通性能好,当夏季风吹过来时如同过梳一般将居室及庭院的热空气吹走。

2. 导流法

把居住区的室外空间组成一个系统,将居住区主路设计成主风道,沿通风廊道流向各个住宅组团,然后再从组团内庭院空间分流到住宅。

3. 南敞北闭法

这种方法适用于相当一部分地区,那里夏季须引进季节风,冬季要遮挡北来的寒风。它们的主要居室向南,具有良好的日照和通风条件,同时对小区气候有好处 。南边的低层住宅呈散点布置,向季节风敞开,对通风十分有利。

(四)居住环境的形成对今后物业管理工作的影响

住宅建设是我国社会主义建设的一项重要内容,随着改革开放步伐不断加快,住宅的需求逐渐向量与质方向同时并重转化,因此,改善住宅的功能与质量,对业主及使用人、开发企业及今后的物业管理企业非常重要。然而,住宅又是一种最大的耐久商品,一旦建成后就很难改变其状况,因此,在规划设计阶段,就应认真考虑到居住环境的每一项因素,同时,物业管理企业应从项目的可行性分析开始,延伸到今后的后期使用与管理,从管理者的角度,来研究初步规划方案,因此,对物业管理者来说,了解和掌握空气、声、光、热、环境的质量要求,对前期物业项目的可行性分析及后期的物业管理均具有十分重要的意义。因为,前期规划方案一旦确定,后期综合环境的雏形就已初步形成,怎样才能为业主和使用人提供一套较理想和具有较高水平的住宅以及与之相配套的优良、舒适的外部综合环境,这是房屋设计者、开发商、物业管理者,要深入研究的重要课题。

二、空间布置与社会环境

人是生活在地球这个空间内的,而且是离不开社会的。在居住区规划和设计中,人将被看作为社会中的一员,要把个人的需求与社会的存在联系起来,并采取相应的措施。千人一面、南北不分、平淡无味是许多已建成居住区的通病。只讲平面布置不思空间环境与整体面貌及片面强调住房建设不求环境质量是相当一部分居住区规划与建设存在的主要问题。因此,空间与环境设计要基本满足五项基本要求:建筑设计和群体布置多样化;公共服务设施满足居民生活基本所需;合理设置建筑小品及建筑识别标志;注重户外空间特别是宅间庭院的完整性;合理安排建筑、道路、广场、院落、绿地、建筑小品之间以及与人的活动之间的户外空间关系。

(一)社会性与私密性

与居住的社会性相对应的是居住的私密性。一个群体具有二重性:一为互助,即群体的社会性;另一为互争,即群体的私密性。在一个居住区内,人们越是有广泛的接触,越是互相了解,也同时会希望有自己私密的环境。因此,居住区的社会性与私密性相辅相成的,这就为居住环境设计提出了空间划分的任务。

在居住的社会性与居住的私密性方面,国外学者做过许多研究,E·霍尔把人间与空间的关系分为密切距离、个体距离、社会距离和公众距离四种。每种又有远近之分。

(1)密切近距离——指两人相依,距离在15cm之内。

(2)密切远距离——指两人握手或接触范围为15~75cm。

(3)个体近距离——如用手足向人挑衅时为45~75cm。

(4)个体远距离——如交谈时为75~120cm。

(5)社会近距离——如商店顾客与营业员间为120~210cm。

(6)社会远距离——指人们相互隔离,避免妨碍别人时为360~750cm。

(7)公众近距离——如受到威胁能逃跑或防卫的距离是360~750cm。

(8)公众远距离——如作报告时,报告人与听众的距离要在750cm以上。

K·林奇认为:1200m以内还能辨别人体;24m内能辨别对方;12m内能看清对方的容貌;1~3m与对方有接触的感觉。

大到建筑布置,小到室外坐椅等设施的设置都应掌握上述这些规律,加以妥善安排。

例如:住宅之间的距离,除日照、通风等因素外,还必须考虑视线和生活噪声的干扰。一般5、6层住宅,居室与对面居室之间的距离以不小于24m为宜。以保证住户的私密性需要。

(二)室外活动场所

居民的室外活动内容是非常广泛的,除外出购物、上学、办事之外,消闲和交往是非常重要的两项内容。学龄前儿童与邻里小朋友经常玩的地方是住宅单元门口;青少年会去附近的小公园;老人要有一个清静的场地下棋、打牌、练功、唱戏。因此,人们需要一个适当的室外活动场所,它们应该是:

(1) 整洁、舒适、优美的环境。

(2) 必要的消闲、交往设施。

(3) 限定的空间。

(三) 居住区的安全防卫

安全是居住环境中,居民十分关心的问题。可以想象,如果一个小区盗窃案作案率较高,居住在这个小区的居民就会人心惶惶,对居民的心理会造成严重的思想负担。如何才能提高一个社区的安全防卫能力?这是政府和居民以及物业管理者共同关心的课题。有的小区充分发挥业主自治的积极性,把居民组织起来,带上红袖章在院子里巡逻,这对坏分子起到了一定威慑作用,但更重要的是还要从规划方案中创造出安全防卫的条件。有关专家认为:在多层公寓住宅围合的庭院内设置儿童游戏场地,居民便可以从公寓的楼上看到儿童在下边玩耍,同时又能看到各个住宅入口的人流进出,从而能起到自然监视的作用。

在我国的大城市里,如北京、上海、天津等地,高层住宅数量增多,带来许多高层住宅内部的安全防卫问题。高层住宅在平面设计中易于出现曲折和隐蔽的公共走道和门厅。在这些地方坏人作案时难于被发现,因而比偏僻的小街更危险,因此,物业管理者在研究初步方案时,就应了解这类住宅的防范特点,注意安全防范。

(四) 消极空间和积极空间

如果规划方案不成功,居住区内会出现一些消极的空间,如:住宅的背面与公共建筑的围墙之间,公共建筑高围墙与另一公共建筑高围墙之间,很可能会成为消极空间。消极空间又称负空间,主要是指无人使用或没有被利用的空间。这样的空间常常容易藏污纳垢,又不在人们视线监视之内,极易出现暴力事件,无助于居住环境的改善。

积极空间又称正空间,人们在正空间里感到舒适,愿意使用这些空间。

积极空间的设置,要充分考虑人的活动心理、环境特点。在居住区主干道两侧应尽量布置居民经常使用的公共设施,如商店、文化活动站、托儿所、小学校。这样的建筑充满了生活气息,所以这样的空间将是积极的空间,也是比较安全的。

(五) 领域划分

环境设计的目的是把居住区的空间都设计成为积极的空间,但有必要把各种空间划分为不同的领域。如:

个人的领域——独立的个人房间;

家庭的领域——独立的一个单元;

邻里的领域——独立的一幢住宅楼;

社区的领域——独立的一个住宅区。

从以上五个方面简单阐述了居住区空间布置原理,从而充分反映出空间布置的好坏会直接影响到居住区的社会环境,并对今后的物业管理带来深远的影响。这必须引起设计者、物业管理工作者的高度重视,从而深入地研究和掌握居民的需求,精心安排空间布置,有助于改善居住的社会环境。

三、公共建筑布置与生活环境

环境学专家指出:"居住环境的满意度与居住环境的4个方面有密切的关系:安全防卫、邻里关系、物质环境和公共设施的便利。"

我们的目标是为居民创造和提供一个方便的生活环境,但是,公共设施的便利关系到国家经济水平和设施的管理水平。

居住区的公共建筑是指除居住建筑之外的其他建筑,主要是为居民生活配套的服务性建筑,它是居住区生活环境的物质基础。

（一）公共建筑的性质和分类

根据《城市居住区规划设计规范》的规定:居住区公共服务设施(也称配套公建),应包括八类设施:

（1）教育;

（2）医疗卫生;

（3）文化体育;

（4）商业服务;

（5）金融邮电;

（6）社区服务;

（7）市政公用;

（8）行政管理及其他。

居住区公共建筑从内容上看,涉及到居民生活的各个领域,充分反映出居民生活环境的质量。在设计和管理中,要掌握居民的生活规律,满足居民的多种生活需求。居住区公共服务设施的配建水平应以每千居民所需的建筑和用地面积(简称千人指标)作控制指标,由于它是一个包含了多种影响因素的综合性指标,因此具有很高的总体控制作用。

（二）公共建筑的布置形式

公共建筑的布置形式,可分为两种形式:即分散布置和集中布置。

1. 分散布置

适于分散布置的公共建筑主要分两种形式:

（1）功能相对独立,对环境有一定要求,如幼儿园。

（2）同居民生活关系密切,使用联系频繁的基础设施,如自行车库、垃圾站等。

作为城市居民主要交通工具的自行车,每户拥有量增加十分惊人,平均每户已超过两辆。随着居民生活水平的不断提高,拥有私人轿车比例也会逐渐增加,但是目前存车难仍是非常棘手的问题。配建公共停车场(库)的停车位控制指标,应符合表2-1的要求。

停车位控制指标   表2-1

名　　称	单　　位	自行车(辆)	机动车(辆)
公共中心	车位/100m² 建筑面积	≥7.5	≥0.45
商业中心	车位/100m² 营业面积	≥7.5	≥0.45
集贸市场	车位/100m² 营业场地	≥7.5	≥0.30
饮食店	车位/100m² 营业面积	≥3.6	≥0.30
医院、门诊所	车位/100m² 建筑面积	≥1.5	≥0.30

对于自行车库的设置应因地制宜。高层住宅因结构需要增加地下室时,可用来存车;将住宅设计成错层,或利用坡地建局部底层车库,利用合理的空间存放自行车。

对于垃圾站,也是影响生活环境的重要因素。首先要考虑各户的垃圾收集。因此,发达国家目前采用的办法是用塑料袋装起,定期用卡车运走。目前采用密闭集装垃圾楼方案的形式,效果较好。小区里设专人从各单元垃圾道收集垃圾后,用小车送往垃圾楼。垃圾楼约2层高,中间一间停放垃圾车,两边各一间为集装箱,车进来后用带车将已堆满垃圾的集装箱吊到车上运走。另外,有一种开敞式的垃圾亭,构造简单,使用方便,两个垃圾斗放在地下,装满后提升起来,然后垃圾车开进去,把垃圾装上运走。采用开敞式垃圾亭时要解决好清洁卫生和环境景观问题。垃圾楼或垃圾亭的位置要布置在方便内部垃圾收集运送的范围之内,并且要便于集装垃圾车的运行。垃圾楼或垃圾亭的造型要与周围建筑和环境相协调。

2. 集中布置

大部分商业服务和文化娱乐设施宜采用集中布置的形式,既符合居民的行为轨迹又满足居民 一次上街解决各种需求的方便形式,这样既丰富了市场环境、生活环境,也为居民购物、娱乐提供了方便。集中布置可分为三种形式:

(1) 成街布置 沿街道两侧布置或沿街一侧布置,在街道不宽、交通量不大的情况下,沿街道两侧布置商店的形式可以采用。居民经过时,可以顺路采购,省时省力,因此两侧布置应放在居住区道路上(而不是小区主路上),但不要放在城市干道上。也可以将居民经常使用的商业设施布置在一侧,这样布置可以减轻顾客来回过马路的负担,如照相馆、理发馆、书店、邮电所等同食品店、百货店等分开。

有条件的地方,可以开辟步行街,自从1927年德国埃森市的林贝克街出现第一条步行商业街,世界各地纷纷效仿,取得良好效果。在居住区内设置步行街应注意:

1) 应布置在居民上、下班经常经过的地方。

2) 既禁止机动车进入又不影响小区的车辆通行,街两侧的商店有自己的货物入口,不需利用步行街送货。

当商业设施不多,街道的另一侧为公园绿地或所临街道较宽,又有较多的车辆来往时,商业设施应沿街一侧布置。

(2) 成片布置 要形成商业文娱中心,首先居住区人口要具有相当的规模,比如说不少于3~4万人。商业文娱中心规划,须布置在居住区的主路上,但要有自己的活动空间,免受外界交通的干扰。中心附近要有停车场,包括自行车场,以免车辆进入中心内部。与此同时,要注意布置商业文娱建筑时把性质相近的放在一起。例如靠近电影院,应布置食品店、小吃店和冷饮店等居民使用要求一致的建筑,这样会给居民带来方便,并促进公共建筑的营业。

(3) 混合布置 这是成街布置与成片布置相结合的一种布置方式,适用于规模较大的商业中心或商业文娱中心。

近年来,随着居民生活水平的不断增加,对各类商品购置及健身娱乐的需求也出现递增的趋势,特别是不同档次的商品住宅,有着不同的居民需要,因此不分时间、地点、周围环境和不同消费对象,都套用规定的定额指标,会使公共建筑的规划设计陷入不利的方案之中。

一个居住区至少要存在百年以上,在这样长的时间里,商业服务业的变化是多方面的。

在规划居住区商业服务及管理时,应有超前的设计观念,对今后若干年后的居民生活水平、购买能力、健身娱乐的需求等进行预测,为今后的发展留有充分的余地。

第三节 物业管理早期介入的重要性

物业管理的早期介入与区域环境有密切的联系,因为一个规划设计是否成功,物业管理者是最具发言权的,所以我们提倡物业管理应早期介入。

一、概念

物业管理企业的早期介入一般来说,越早越好,应该在规划设计阶段就介入。如上所述,规划方案的设计决定了居住的环境(日照、通风、防噪声等)、生活环境及社会环境。以往的规划设计虽然考虑了房屋和配套设施这两个重要因素,但是由于落后于科学的发展及人民生活水平的迅速提高而产生的需要。而设计人员往往仅从设计角度考虑,容易忽视以后的管理和使用。因此在规划设计中要有超前的意识,充分听取物业管理专业人员的意见,设计出超前的良好设计方案。

早期介入是保证物业管理企业顺利进行的关键,是实施物业管理的第一个重要环节,其重要作用总结如下:

(一)有利于优化设计方案,完善设计细节

(1)物业管理人员针对设计方案提出合理化建议。

(2)根据以往的管理经验,指出居民对新建房屋的超前需求意向。

(二)有利于加强对所管物业的全面了解

(1)在项目规划设计阶段充分了解所要接管的物业项目。

(2)对物业项目的各部分功能有所了解。

(三)早期介入有利于后期管理工作顺利进行

(1)在规划设计阶段,指出日后管理工作的困难隐患。

(2)对存在的管理隐患,提出合理的整改意见。

(四)充分了解设计人员的设计意图,保证物业的使用功能得到充分使用

(1)仔细了解设计人员的设计意图,了解物业的各部分使用功能。

(2)在今后的管理工作中,使各物业功能发挥更大的作用。

二、物业管理企业在规划设计阶段的参与

物业管理企业的早期介入从物业项目的规划设计阶段开始,因此,对于物业管理者来说,要掌握一些居住区规划与环境设计的基本知识,就要充分调查了解居民的需求与综合环境的知识,不仅要重视房屋本身的施工质量,更应考虑居住的安全与环境的舒适,要充分考虑住宅的声环境、热环境、光环境及居住环境等多方面的因素,物业管理企业对规划设计的参与与职责主要表现在全面细致地反映物业管理能否得以顺利实施的各种需要,以及在以往管理实践中发现的规划设计上的种种缺陷,使设计方案更加完善。下面一些问题,是物业管理企业早期介入应注意的几个方面:

(一)配套设施的完善

一个物业项目,如果配套设施不完善,硬件设施先天不足,今后的物业管理就很难搞好。

1. 住宅小区

（1）各类商业服务设施，如商店、饮食店、邮电所、银行、美容店、超市等，内外道路的布置。

（2）景观和环境设计在规划设计中应被充分考虑。

2. 商贸楼宇

（1）商务中心及其配套服务设施的完善。

（2）停车场的停车数量及位置是十分重要的。

（二）安全防卫系统的完善

规划设计时，应对安全防卫系统给予足够的重视，在经济核算的前提下，尽可能设计各种形式的报警系统。

（1）自动火警报警系统。

（2）防盗报警系统。

（3）紧急呼救报警系统。

（4）24小时自动监视系统。

在安全、适用、经济的前提下，给业主们创造一个安全、方便的居住环境。

（三）绿化方案的设计

根据不同的物业项目，配置不同的绿化布置方案，应考虑物业的不同使用用途，采取不同的气候、环境、造型、布局等。根据国家有关规定应作到：

（1）一切可绿化的用地均应绿化，并发展垂直绿化。

（2）宅间绿地应精心规划与设计，宅间绿地面积的计算符合国家规定。

（3）绿地率：新区建设不应低于30%；旧区改造不宜低于25%。

（4）居住区内的公共绿地，应根据居住区不同的规划组织结构类型，设置相应的中心公共绿地。

（5）居住区内公共绿地的总指标，应根据居住人口规模分别达到：

1）组团不少于 $0.5m^2$／人。

2）小区（含组团）不少于 $1m^2$／人。

3）居住区（含小区与组团）不少于 $1.5m^2$／人。

（四）消防设备的配备

在建筑设计中，消防设施的配套设置是有严格要求的。物业管理企业更应着眼于各种消防死角，建议在这些地方配备灭火器或灭火沙箱。根据国家有关规定设置：

（1）自动喷水系统和火灾自动报警系统。

（2）水幕与防火卷帘、防火幕。

（五）其他方面

（1）管线设施的设计。

规划设计时，对室内各种管线与设施的布置、位置、高度等，常有被忽视的地方，但从日后的使用和维修的角度看却非常重要。应从以下几个方面给予重视：

1）居住区内各类管线的设置，应编制管线综合规划。

2）各种管线与建筑物的最小水平间距应符合国家规定。

3）各种管线的埋设顺序应符合国家规定。

4）管线之间遇到矛盾时，应按下列顺序处理：

a. 临时管线避让永久管线；

b. 小管线避让大管线；

c. 压力管线避让重力自流管线；

d. 可弯曲管线避让不可弯曲管线；

e. 地下管线不宜横穿公共绿地和庭院绿地。与绿化树之间的最小水平净距应符合表2-2规定。

最小水平净距   表 2-2

管 线 名 称	最小水平净距(m)	
	至乔木中心	至灌木中心
给水管、闸井	1.5	1.5
污水管、雨水管、探井	1.5	1.5
煤气管、探井	1.2	1.2
电力电缆、电信电缆	1.0	1.0
电信管道	1.5	1.0
热力管	1.5	1.5
地上杆柱(中心)	2.0	2.0
消防龙头	1.5	1.2
道路侧石边缘	0.5	0.5

（2）冰箱、洗衣机预留的位置及下水口是否适当，电路接口及位置是否合适，使用是否方便，类似这些细节问题，物业管理企业有义务向设计单位提出，请其注意。

课后阅读参考材料

1.《中华人民共和国城市规划法》

2.《城市用地分类与规划建设用地标准》

3.《城市居住区规划设计规范》

4.《工矿企业生活区建设用地指标》

5.《新建工矿企业项目住宅及配套设施建筑面积指标》

6.《城市道路设计规范》

复 习 思 考 题

1. 公共建筑的布置形式有几种方式？

2. 物业管理早期介入的作用有哪些方面？

3. 居住区公共服务设施分为哪几类？

第三章　环境绿化管理与服务

由于科学的进步,社会的发展,城市的高度集中,工商业、交通的迅猛发展,人们越来越重视环境绿化工作。整个城市、整个居住区、甚至于整个视野都要形成一个新型的绿化环境,这种新型的环境绿化工程,将随着时代的发展而不断发展。

第一节　绿化系统的基本知识

随着工业的发展、人口的集中,环境污染的情况日益严重,对人们的生活和生产造成的危害,已被大家所共睹。我国在 1992 年 6 月颁布了《城市绿化条例》。绿化简单地说就是栽种绿色植物(树木、花卉、草皮等)以改善自然环境和人民生活条件的措施。

一、园林绿化的作用

人们的生活环境条件,有适合的、不大适合的、坏的三种。人的生存、人的寿命长短,同这些条件的好坏关系极大。通过绿化植树、种花种草、改良土壤、改善水质、保证空气清新、创造良好的环境条件,以提高全体人民的身体素质,精神焕发地建设祖国。

园林绿化是城市建设的一个重要组成部分,它同城市人民的关系十分密切,它的作用是多方面的。

(一) 美化环境

绿化是美化环境的一个重要手段。一个建筑群的美丽,除了在城市规划设计、施工上善于利用城市的地形、道路、河边、建筑配合环境,灵活巧妙地体现环境的美丽外,还可以运用树木花草不同的形状、颜色、用途和风格,配置出一年四季丰富的色彩。乔木、灌木、花卉、草皮层层叠叠的绿地,镶嵌在城市、居住区、工厂的建筑群中,衬托建筑,增加艺术效果。如北京的天坛依靠密植的古柏而衬托了祈年殿;肃穆壮观的毛主席纪念堂用常青的大片油松来烘托"永垂不朽"的气氛;苏州的古典园林常用粉墙花影、芭蕉、南天竹、兰花来表现它的优雅清静。绿化不仅使城市披上绿装,而且其瑰丽的色彩伴以芬芳的花香,点缀在绿树成荫中,更能起到画龙点睛、锦上添花的作用,为城市居民的劳动、工作、学习、生活创造了优美、清新、舒适的环境。

(二) 净化空气

园林植物对净化空气有独特的作用,它能吸滞烟灰和粉尘,能吸收有害气体,吸收二氧化碳并放出氧气,这些都对净化空气起了很好的作用。

1. 吸收二氧化碳,放出氧气

氧气是人类不可少的物质。由于城市人口比较集中,在城市中不仅人的呼吸排出二氧化碳,吸收氧气,而且各种燃料燃烧时也排出大量二氧化碳和吸收大量氧气,所以通常大气中的二氧化碳含量为 0.03% 左右,有时空气中的二氧化碳浓度可达 0.05%～0.07%,局部地区可达 0.2%。二氧化碳虽是无毒气体,但是当它在空气中的浓度达 0.05% 时,人的呼吸

已感不适；当含量达到 0.3%～0.6% 时，人就会感到头痛、出现呕吐、脉搏缓慢、血压增高等现象；当其达到 10% 时，就迅速丧失意识、停止呼吸、以至死亡、对人体就有害了。

地球上 60% 以上的氧气来自陆地上的植物，这一数值充分说明了绿色植物对大气形成的重要作用。树木是二氧化碳的消耗者，也是氧气的天然制造厂。树木进行光合作用时吸收二氧化碳；放出人们生存必需的氧气，通常 1hm² 的阔叶林，在生长季节每天可以吸收 1t 二氧化碳，放出 570kg 氧气。如果以成年人每日呼吸需要 0.75kg 氧气，排出 0.9kg 二氧化碳计算，则每人有 10m² 的树林面积，就可以消耗掉每人因呼吸排出的二氧化碳，供给所需要的氧气；生长良好的草坪，每 hm² 每小时可吸收二氧化碳 15kg，所以如有 60m² 的草坪就可以把一个人呼出的二氧化碳全部吸收，由此可见，居住区中的公园、行道树、庭园、草坪等对调节空气有着重要的作用。这就是人们在树木茂密的地方感到空气特别新鲜的原因。

2. 吸收有害气体

污染空气的有害气体种类很多，最主要的有二氧化硫、氯气、氟化氢、氨以及汞、铅蒸气等。这些气体是工业生产过程中排出的有毒气体，如二氧化硫是冶炼企业在燃烧煤时产生的主要有害气体，它数量多、分布广、危害大。当空气中二氧化硫浓度达到 0.001% 时，人就会呼吸困难，不能持久工作；达到 0.04% 时，人就会迅速死亡。氟化氢则是窑厂、磷肥厂、玻璃厂排出的另一种剧毒气体，这种气体对人体危害比二氧化硫大 20 倍。很多树木可以吸收有害气体，硫是植物必需的元素之一，植物叶片的表面吸收二氧化硫的能力最强，树木长叶落叶，二氧化硫也就不断的被吸收，吸收量虽空气中二氧化硫的浓度提高而增大。如 1hm² 的柳杉每月可以吸收二氧化硫 60kg。上海地区 1975 年对一些常见的绿化植物进行了吸硫量测定，发现臭椿和夹竹桃不仅抗二氧化碳能力强，并且吸收二氧化硫的能力也很强。臭椿在二氧化硫污染情况下，不仅抗二氧化硫能力强，并且吸收二氧化硫的能力也很强。叶中含硫量可达正常含硫量的 29.8 倍，夹竹桃可达 8 倍。其他如珊瑚树、紫薇、石榴、厚皮香、广玉兰、棕榈、胡颓子、银杏等也有较强的吸收二氧化硫的能力。刺槐、女贞、泡桐、梧桐、大叶黄杨等树木抗氟的能力比较强。另外，木槿、合欢、杨树、紫荆、紫藤、紫穗槐等对氯气、氯化氢气体有很强的抗性；喜树具有吸苯能力；紫薇可吸收汞；大多数植物都能吸收臭氧，其中银杏、柳杉、樟树、海桐、女贞、夹竹桃、刺槐、悬铃木、连翘等净化臭氧的作用较大。树木还能吸收氨、铅及其他有害气体等。固有"有害气体净化场"的美称。

3. 吸滞烟尘和粉尘

空气中的灰尘和工厂里飞出的粉尘是污染环境的有害物质。这些微尘颗粒，重量虽小，但它在大气中的总重量却是惊人的，许多工业城市每平方公里平均降尘量为 500t 左右，某些工业十分集中的城市甚至高达 1000t 以上。在城市每燃烧 1t 煤，就要排放 11kg 粉尘，除了煤烟尘外，还有由于工业原料的粉碎而产生的粉尘，有金属粉尘、矿物粉尘、植物性粉尘及动物性粉尘。粉尘中不仅含有碳、铅等微粒，有时还含有病原菌。这些烟灰和粉尘一方面降低了太阳的照明度和辐射强度，消弱了紫外线，对人体的健康不利；另一方面，呼吸进入人的鼻腔和气管中容易引起鼻炎、气管炎和哮喘等疾病，有些微尘进入肺部，就会引起矽肺、肺炎等严重疾病。

植物特别是树木，对烟尘和粉尘有明显的阻挡、过滤和吸附的作用。植树后，树木能大量减少空气中的灰尘和粉尘，树木吸滞和过滤灰尘的作用表现在两方面：一方面由于树林枝冠茂密，具有强大的减低风速的作用，随着风速的减低，气流中携带的大粒灰尘下降。另一方面由于有些树木叶子表面粗糙不平、多绒毛、分泌粘性油脂或汁液，能吸附空气中大量灰尘及飘尘。蒙尘的树木经过雨水冲洗后，又能恢复其吸尘作用。

由于树木的叶面积远远大于它的树冠的占地面积。据统计：森林叶面积的总和为森林占地面积的数十倍。树木的滞尘能力是与树冠高低、总的叶片面积、叶片大小、着生的角度、表面粗糙程度等条件有关。

草坪植物也有很好的蒙尘作用，因为草坪植物的叶面积相当于草坪占地面积的 22～28 倍。铺草坪的足球场比不铺草坪的足球场上空的含尘量减少 2/3～5/6。草坪的茎叶不仅和树木一样，具有吸附灰尘的作用，并且还可固定地面的尘土，防止飞扬。

我国对一般工业区的初步测定空气中直径达于 $10\mu m$ 的粉尘降尘量为 $1.52g/m^2$，而附近公园里只有 $0.22g/m^2$。空气中的飘尘浓度，绿化地区较非绿化地区少 10%～59%。可见，植物是空气的天然过滤器。

（三）调节气候

树木花草叶面的蒸腾作用，能降低气温、调节湿度、吸收太阳辐射热、遮阴的作用。

1. 调节空气湿度

空气湿度过高，过湿使人厌倦疲乏，过低则感干燥厌烦，一般认为最适宜的相对湿度位 30%～60%。树木能蒸腾水分，提高空气的相对湿度。氯化植物因其叶片蒸发表面大，故能大量蒸发水分，树木在生长过程中，要形成 1kg 的干物质，大约需要蒸腾 399kg～490kg 的水，因为树木根部吸进水分的 99.8% 都要蒸发掉，只留下 0.2% 用作光合作用，所以森林中空气的湿度比城市高 38%，公园的空气湿度也比城市中其他地方高 27%。$1km^2$ 阔叶树林，在夏季能蒸腾 2500t 的水，相当于同等面积的水库蒸发量，比同等面积的土地蒸发量高 20 倍。据调查每公顷油松林每月蒸腾量为 43.6t～50.2t，加拿大白杨林的蒸腾量每日为 51.2t，由于树木强大的蒸腾作用，使水汽增多，空气湿润，使绿化区内湿度比非绿化区大 10%～20%。为人们的生产、生活创造了凉爽、舒适的气候环境。

2. 调节气温

绿化地区的气温常较建筑地区低，这是由于树木可以减少阳光对地面的直射，能消耗许多热量用以蒸腾从根部吸收来的水分和制造养分，尤其在夏季绿地内的气温较非绿地低 3～5℃，而较建筑物地区可低 10℃ 左右，森林公园或浓密成荫的行道树下效果更为显著。即使在没有树木遮阴的草地上，其温度也要比无草皮的空地低些。据测定：7～8 月间沥青路面的温度为 30～49℃，而草地只有 22～24℃。炎夏，城市无树的裸露地表温度极高，远远超过它的气温，空旷的广场在 1.5m 高度的最高气温为 31.2℃ 时，地面的最高地温可达 43℃，而绿地中的地温要比空旷广场低得多，一般可低 10～17.8℃，为人们创造了防暑降温的良好环境。

炎热的夏季，人在树阴下和在直射阳光下的感觉，差异是很大的。这种温度感觉的差异不仅仅是 3～5℃ 气温差，而主要是太阳辐射温度决定的。茂盛的树冠能挡住 50%～90% 的太阳辐射热，夏季树阴下与阳光直射的辐射温度可相差 30～40℃。

树木防风的效果是显著的，冬季绿地不但能降低风速 20%，而且静风时间比未绿化地区较长。树木适当密植，可以增加防风的效果。春季多风，绿地减低风速的效应，随风速的增大而增加，这是因为风速大，枝叶的摆动和摩擦也大，同时气流穿过绿地时，受树木的阻截、摩擦和过筛作用，消耗了气流的能量。秋季绿地能减低风速 70%～80%，静风时间绿化区长于非绿化区。

（四）降低城市噪声

城市中工厂林立、人口集中、车辆运输频繁，各种机器马达的声响噪杂，汽车、火车、船只、飞机、建筑工地的轰鸣尖叫，常使人们处于噪声的环境里，不仅影响人们的正常生活、妨碍睡眠和谈话、吵得人们烦恼不安，还会使听力减弱以至耳聋，并易引起疲劳，使操作人员反应迟钝降低劳动生产效率，甚至发生工伤事故。据计算，噪声到 70dB 以上（分贝是声音的响度单位，表示声音强弱的物理量），人就不能持久工作，对人体有害。

树木能减低噪声，是因为声能投射到树叶上被反射到各个方向，造成树叶微振而使声能消耗而减弱。因此，噪声的减弱与林带的宽度、高度、位置、配置方式以及树木种类等有密切关系。茂密的树木能吸收和隔挡噪声。据测定，40m 宽的林带，可以降低噪声 10～15dB；公园中成片的树林可降低噪声 26～43dB；绿化的街道比不绿化的街道可降低噪声 8～10dB。又据实验，爆炸 3kg 的三硝基甲苯炸药，声音在空气中传播 4km，而在森林中则只能传到 400 多米的地方。在森林中声音传播距离小，是由于树木对声波有散射的作用，声波通过时，枝叶摆动，使声波减弱而逐渐消失。同时，树叶表面的气孔和粗糙的毛，就像电影院里的多孔纤维吸声板一样，能把噪声吸收掉。

（五）减少空气中的细菌量、净化水体、土壤

空气中散布着各种细菌，又以城市公共场所含菌量为最高。植物可以减少空气中的细菌数量，一方面是由于绿化地区空气中的灰尘较少，从而减少了细菌，另一方面许多植物本身能分泌一种杀菌素。地榆根的水浸液能在 1 分钟内杀死伤寒、副伤寒 A 和 B 的病原和痢疾杆菌的各菌系。0.1g 磨碎的稠李冬芽甚至能在 1 秒钟内杀死苍蝇。1km^2 的刺柏林每天就能分泌出 30kg 杀菌素，可以杀死白喉、肺结核、伤寒、痢疾等病菌。还有某些植物的挥发性油，如丁香酚、肉桂油、柠檬油等也具有杀菌作用。尤其是松树林、柏树林及樟树林灭菌能力较强，是与它们的叶子都能散发某些挥发性物质有关。在有树林的地方比没有树林的市区街道上，每立方米空气中的含菌量少 85% 以上。有人做过测定：在百货商店每立方米空气含菌量高达 400 万个，而林区只有 55 个。林区与城市百货大楼空气中含菌量竞相差 7 万倍，公园与百货大楼相差 4 千倍，所以绿化植树对杀菌，提供新鲜空气，保护人民身体健康的作用是不小的。

城市和郊区的水体受到工厂废水及居民生活污水的污染，影响环境卫生和人民健康，而绿化植物有一定的净化污水的能力。树木可以吸收水中的溶解质，减少水中的细菌数量。如：在通过 30～40m 宽的林带后，由于树木根系和土壤的作用，1L 水中所含的细菌数量比不经过林带的减少 1/2。许多水生植物和沼生植物对净化城市的污水有明显的作用。如芦苇能吸收酚及其他二十多种化合物。每平方米土地上生长的芦苇一年内可积聚 6kg 的污染物质，还可以消除水中的大肠杆菌。在种有芦苇的水池中，其水的悬浮物要减少 30%、氯化物减少 90%、有机氮减少 60%、磷酸盐减少 20%、氨减少 66%，所以有些国家把芦苇作为污水处理的最后阶段。又如在栽有水葱的水池中原含有十几种浓度很高足以使鱼类致死的有机化合物，而在一段时期后，这些物质全部被水葱吸收。又如水葫芦能从污水里吸取银、金、汞、铅等金属物质以及具有降低镉、酚、铬等有机缓和物的能力。

（六）监测环境

植物是有生命的东西，它和周围的环境有着密切的联系，环境条件起变化，在植物体上就会产生反应。在环境污染的情况下，污染物质对植物的毒害也同样会在植物体上以各种形式表现出来。植物的这种反应就是环境污染的"信号"，人们可以根据植物所发出的"信号"来分析鉴别环境污染的状况，这类对污染敏感而发出"信号"的植物称为"环境污染指示植物"或"监测植物"。

树木中各种敏感性的植物，对监测环境污染有很大作用，如雪松对有害气体就十分敏感，特别是春季长新梢时，遇到二氧化硫或氟化氢的危害，便会出现针叶发黄、变枯的现象。因此当春季凡是雪松针叶出现发黄、枯焦的地方，在其周围往往可能找到排放氟化氢或二氧化硫的污染源，因此说雪松就像一个很好的大气污染报警器。另外，月季花、苹果树、油松、落叶松、马尾松、枫杨、加拿大白杨、杜仲对二氧化硫反应敏感；郁金香、萱草、樱花、葡萄、杏、李等对氟化氢较敏感；悬铃木、向日葵、番茄、秋海棠对二氧化碳敏感；女贞、樟树、丁香、葡萄、木笔、牡丹、皂荚对臭氧敏感。利用敏感植物监测环境污染，对净化大气、保护环境，既经济便利，又简单易行，便于广泛发动居民来作监测工作，可以起到"报警"、"绿色哨兵"、"监视三废的眼睛"的积极作用。

（七）安全防护

许多植物有防火功能。枝叶中含有大量的水分，一旦发生火灾，可以隔离阻止火势蔓延、隔离火花飞溅，由于这类树种本身不易着火，因此在城市房屋之间多种这类树种，可以起阻挡火势蔓延的作用。有防火功能的树种应具备含树脂少，枝叶含水分多，不易燃烧；萌芽再生力强；根部分蘖力量强等特点。

比较好的防火树种。常绿树有珊瑚树、厚皮香、山茶、油茶、罗汉松、蚊母、八角金盘、青冈栎、夹竹桃、海桐、女贞、大叶黄杨、枸骨等；落叶树有银杏、麻栎、臭椿、刺槐、白杨、柳树、泡桐、悬铃木、枫香等。其中尤以珊瑚树的防火功效最为显著，它的叶片全部烧焦也不会产生火焰。银杏的防火能力也很突出，夏季即使将它的叶片全部烧尽，仍能萌芽再生；冬季即使树干烧毁大半，也能继续存活。

城市绿化有利于战备，对重要的建筑物、军事设备、保密设施等可以起隐蔽作用。起隐蔽作用的树种应以常绿树种为主，一年四季有效果。较好的隐蔽树种有桧柏、侧柏、龙柏、樟树、雪松、马尾松、黑松、棕榈、石榴、柳杉、女贞、珊瑚树、广玉兰、蚊母、核树等。落叶性高大乔木如杨树、悬铃木、枫杨等在春夏秋季能起明显作用，也应适当种植。

绿化植树比较茂密的地段如公园、街道绿地等，还可以减轻因爆炸引起的震动而减少损失，也是地震避难的好场所。1976 年 7 月北京市受唐山地震波及，从调查证实，15 处公园绿地总面积四百多 km^2，疏散居民二十余万人，同时地震不会引起树木倒伏，充分利用树木搭棚，创造了临时户外生活的优良条件。我国许多城市位于地震区内，在这些城市居住区内的规划更应考虑到避震、疏散、搭棚的要求。

（八）增加收益

搞好绿化植树可以提供工业原料和其他多种林副产品。如香樟、核桃、油橄榄、油茶等的种子可以榨油；刺槐、香樟、丁香、玫瑰、瑞香等是香料植物，可以提供香精原料；银杏、枣、梨、桔、葡萄、苹果、等果子可供食用及制酒、制果酱、制罐头等；白榆、白杨、青桐、芦苇、构树、竹类等可提供造纸原料；国槐、栾树等可提供燃料工业的原料；绝大部分树木的根、叶、花、果实、种子、树皮等可供药用。其他如棕榈削棕皮，桑叶养蚕，漆树割漆，杜仲提制硬橡胶，皂荚代替肥皂、毛白杨制人造纤维，松树取树脂等，都可以为工业提供重要的原料。

二、城市园林绿地的类型

我国目前的城市园林绿地尚无统一的分类方法,在各个时期,国内外的有关书刊资料上,对绿地分类有不同的方法,可以归纳为以下七种:

（一）按服务对象划分

（1）公共绿地:供全市居民游乐的绿地,如公园、游乐园等;

（2）私用绿地:供某一单位使用的绿地,如学校绿地、医院绿地、工业企业绿地等;

（3）专用绿地:供科研、文化教育、卫生防护及发展生产的绿地,如动、植物园、苗圃、花圃、禁猎禁伐区等。

（二）按位置划分

（1）城内绿地（指市区范围内的绿地）;

（2）郊区绿地（指位于郊区的绿地）。

（三）按功能划分

（1）文化休息绿地:指供居民进行文化娱乐休息的绿地,如风景游览区、公园、游乐园等;

（2）美化装饰绿地:指以建筑艺术上的装饰作用为主的绿地;

（3）卫生防护绿地:指主要在卫生、防护、安全上起作用的绿地;

（4）经济生产绿地:指以经济生产为主要目的绿地。

（四）按规模划分

（1）大型绿地:指面积在 $50km^2$ 以上的;

（2）中型绿地:指面积在 $5\sim50km^2$ 的;

（3）小型绿地:指面积在 $5km^2$ 以下的。

（五）按服务范围分

（1）全市性绿地;

（2）地区性绿地;

（3）局部性绿地。

（六）按功能系统分

（1）生活绿地系统:如居住区、大中小学校、医疗、科研、文化机构、墓地、防风林绿地等;

（2）游息绿地系统:如各类大小公园、动植物园、古迹名胜、广场、风景休疗养区绿地等;

（3）交通绿地系统:如道路和停车场,站前广场,港湾码头及机场,对外交通的公路、铁路绿地等。

以下几种是按绿地的使用性质、规模及位置等综合因素分类的:

（七）目前多将城市园林绿地分为以下六种,这六类绿地包括了城市中的全部园林绿化用地。

（1）公共绿地　也称公共游憩绿地,是指由市政建设投资修建,经过艺术布局,向公众开放并具有一定的设施和内容,以供群众进行游览、休息、娱乐、游戏等活动的绿地。它包括市、区级综合公园、儿童公园、动物园、植物园、体育公园、纪念性园林、名胜古迹园林、游憩林阴带等。公共绿地是城市绿地系统的主要组成部分,除供群众户外游憩外,还有改善城市气候卫生环境、防灾避难和美化市容等功能。

（2）专用绿地　私人住宅和工厂、企业、机关、学校、医院等单位范围内庭园绿地的统称,由单位和群众负责建造、使用和管理。专用绿地是在城市分布最为广泛的绿地形式,对改善城市生态环境作用明显,它包括居住区绿地、公共建筑及机关学校用地内的绿地、工业企业和仓库用地内的绿地等。不同性质的单位对环境功能的要求在改善气候卫生条件、美化景观、户外活动等重点不同,因而专用绿地的内容、布局、形式、植物配置等方面也应各有特点。

(3)街道绿地　泛指道路两侧的植物种植。在城市规划中,专指公共道路红线范围内除铺装路面以外全部绿化及园林布置的内容,它对改善环境、减少污染、美化环境和提高交通效率和安全率有一定的意义。包括行道树、市区级道路两旁、分车带、交通环岛、立交口、桥头、安全岛等绿地。

(4)风景区游览绿地　指位于市郊具有较大面积的自然风景区或文物古迹名胜的地方。经有关部门开发建设,设有一定的游览、休息和食宿服务设施,可供人们休疗养、狩猎、野营等活动的绿地。包括风景游览区、休养疗养区绿地等。

(5)生产绿地　指专为城市绿化而设的生产科研基地,如苗圃、花圃、药圃、果园、林场等绿地。

(6)防护绿地　为防御、减轻自然灾害或工业交通等污染而建的绿地,对改善城市自然条件和卫生条件具有重要作用。如卫生防护林、风沙防护林、水源涵养林、水土保持林等。

上述七种分类方法,主要是从各种应用需要及研究目的出发而提出的。但经过多年以来的规划实践来看,由于有的分类名称概念不够确切,容易造成误解;有的分类又过于简单、机械、不能适应实际需要;有的不便于统计工作,与其他城市用地有重复计算现象,造成计算口径不一,失去了可比性的意义。

三、城市绿地的分类方法应符合下列基本要求

(1)与城市用地分类有相对应的关系,并照顾习惯称法,有利于同总体规划及各专业规划配合;

(2)按绿地的主要功能及使用对象区分,有利于绿地的详细规划与设计工作;

(3)尽量与绿地建设的管理体制和投资来源相一致,有利于业务部门的经营管理工作;

(4)避免在统计上与其他城市用地重复,有利于城市绿地计算口径的统一,也可以使城市规划的经济论证具有可比性。

总之,城市绿地的设计应根据城市各类园林绿地的位置、性质、周围环境、服务对象、估计游人量等,结合生产、生活水平及城市发展等提出布局形式、艺术风格、主要设施的项目与规模、建设年限等,作为绿地详细规划的依据。

四、城市园林绿地的特点

城市园林绿地是结合城市其他组成部分的功能要求,而进行综合考虑,全面安排的结果。它具有以下特点。

(1)以植物造景为主,充分发挥改善气候、净化空气、美化生产和生活环境等作用。

(2)在满足植物生长条件的基础上,城市绿地多利用荒地、山岗、低洼地和不宜建筑的破碎地形等布置,注意结合城市原有的河湖、水系等条件,创造出优美的城市山林环境。

(3)城市绿地的交通安全便利。

(4)城市绿地的内容、设施较为完备。根据绿地的规模,可分别设露天剧场、茶室、餐馆、喷泉、花坛、宣传廊、休息的座椅等。

（5）考虑不同人群生理、心理的需求特点，设置老年人活动区、儿童活动区等。

城市园林绿地系统规划既要有远景目标，又要有近期安排，做到远近结合，不能只顾眼前利益，而造成将来改造的困难，要照顾到由远及近的过渡措施。而且城市园林绿地的规划与建设、经营管理，要在发挥其综合功能的前提下，注意结合生产，为社会创造物质财富。切忌生搬硬套，单纯追求某种形式、某种指标，导致事倍功半，甚至事与愿违。

五、绿化工作的特点

园林绿化主要是在城镇中进行绿化建设，因此要紧密结合城镇特点，合理规划、设计、施工。为此我们要熟悉一下园林绿化的特点。

（1）群众性 绿地分布在城市每个角落，它和每一个系统、每一个行业、每一个单位、每一个人都发生着联系。开展全民义务植树运动的决议，号召人人动手、年年植树、坚持不懈。这充分说明了绿化具有广泛的群众性。我们园林绿地的育苗、植树、养护、管理，单靠专业队伍是搞不好的，必须动员和依靠广大群众才能完成。

（2）季节性 园林植物生长在自然环境中，受一定的气候条件的影响，根据不同的季节和各种植物的不同特性，在繁殖、移栽、养护、管理中采取各项措施，才能使植物发育正常，开花结果。如果不能满足它的发育条件，就会影响它的正常生长，甚至死亡。无论是繁殖时的播种、扦插、嫁接、分根、压条，还是养护时的施肥、浇水、除虫、除草、整形、修剪、防治病虫害等，都必须掌握季节，因时制宜地进行。抓住了季节，适时地采取各种技术措施，就事半功倍，误了季节，就事倍功半。

（3）科学技术性 园林植物生长受到天气、病虫、城市废气、废水等不利因素的影响，在生长上常常发生问题，如近年来大树、古树的衰老死亡，樟树、广玉兰、悬铃木的黄叶病等。根据各种植物对环境条件的不同要求，掌握它们的生物学特性和生长发育规律，因树制宜、因地制宜。宜湿的栽洼地、宜干的栽高地、喜阳就阳、喜阴就阴、爱酸给酸、爱碱给碱、顺其性而栽种，此外园林的管理、园林植物种类的增加、园林工具的改革、都要加强科学技术工作。

（4）稳定性 树木不是短时间内就可育成的，培养快长树也得四、五年，有的漫长树则需要近十年或十年以上。因此育苗、种树、搞绿化，必须有相对的稳定性。这一点是非常重要的，千万不要灵机一动，心血来潮，今年种树，明年栽花，今年栽这个树种，明年又换另一个树种，种了拔，拔了种，这样改变不了绿化面貌。又如一个公园绿地的建设，也必须经过较长时期的养护管理，才能逐步发挥它的绿化效果；一条林荫大道从初建到全部蔽阴，同样需要一个较长的时期，才能够达到。

（5）艺术性 园林绿化可以改变城市面貌，美化城市人民的生活、生产、学习、工作环境，因此具有一定的观赏性和艺术特点。培养树木要注意树姿，讲究艺术性。水杉树干挺拔，树姿雄伟；雪松枝条舒展，叶丛秀丽；梧桐遮阴全靠枝叶茂盛，树冠丰满；春风杨柳，婀娜多姿等。此外培养草花、盆景，也要有艺术性。

（6）地域性 各地园林绿地一般都具有地方特点。北方园林有北方园林的特点和繁殖、栽种、养护管理方法。上海园林有上海的特点，绿地的发展必须随着旧城市的改建相应地发展，同时上海又是一个工业城市，树种的选择，除了满足美化城市的需要外，还要有净化空气、保护环境、为工业发展服务的功能。

（7）综合性 园林绿化是一门综合性的学问，它既要研究观赏树木、经济树种和各种花卉的培育，从规划设计到育苗、施工、种植、养护、管理，还要研究经营管理助理论和方法，园林植物的生物学特性以及有系统地探讨它们的生长发育规律。因此,我们要懂得一些遗传学、生态学、环境保护学、选种育种、引种驯化的知识,也要懂得一些植物分类、植物生理、植物病理知识,懂得一些气象知识,土壤、肥料、植物保护知识,还要懂得科学的经营管理方法。

第二节 环境绿化工作的操作程序

一、园林绿地设计的原则

21世纪是人类社会快速发展的时代,随着人们生活水平的提高,对物质文化生活的要求也越来越高,对环境也将提出更高的要求。人类从20世纪的城市发展的经验教训中得到启示,必须在城市发展和城市生态中求得平衡,寻求城市的可持续发展。因此世界各国都十分重视城市环境的塑造,各种"花园城市"、"生态城市"应运而生。人类对环境的要求,不仅仅是在绿色"量"的方面的增加,更重要的是在环境"质"的方面的发展。

城市园林绿地作为人居环境的重要组成部分,是对城市生态环境产生影响最大的因素之一,对调节城市生态环境起着关键的作用,是城市生态平衡的"调节器"。同时,城市绿地也是居民游憩、娱乐、体育活动的重要场所;是人类实现自我完善的载体;是提高人们生活质量的保证。为实现跨世纪人居城市绿地的目标,就要在"和谐"发展上做文章。我国城市《21世纪城市规划宣言》中提出的21世纪城市规划三大纲领,就是解决三大"和谐"的问题,即"人与自然的和谐"、"时间延续性的和谐"以及"人与人的社会和谐"。因此在进行城市绿地规划建设时,必须正确处理人与自然、人与人的协调关系,以"整体协调发展"以及"以人为本"的设计理念为依据。

"整体协调发展"是指城市的各项发展必须相互协调,保证整体的生态平衡。这就要求在城市园林绿地建设中,必须正确处理自然环境、建筑、城市风格和园林绿化相互之间的关系,在进行人工环境的建设中,保证与自然环境的同步发展,使自然环境与人工环境有机结合,达到人与自然的和谐共处。同时城市绿化营造的局部小气候环境,为在大范围内共同改善人居环境创造了条件。

"以人为本"是指以人的生存和发展为中心,根据人们的行为规律和区域的功能进行规划布局,从人的心理和审美要求出发营造环境,按照人体功效学原则进行城市园林绿地空间设计。这是人类对过去城市化进程中暴露出来的种种问题进行反思得出的结论。"以人为本"的设计宗旨,要求在规划设计中必须满足人类生存和发展的需求。也就是说不但要满足当代人的需要,还要为后代人的发展需要留有余地,实现人类的可持续发展。而且必须把关心人、满足人的需要落到具体的规划设计中,满足人们对城市园林绿地的生理、心理需求,创造舒适、优美的绿化环境。

总之,我们必须把维护居民身心健康、维护自然生态过程,作为城市绿地的主要功能。它是实现绿化环境质的飞跃的关键,是跨世纪绿色环境塑造方法的一大进步。为实现城市绿地的目标,遵循"整体协调发展"和"以人为本"的设计理念,在设计中应坚持以下10条原则。

(1)增加绿色空间,创造适宜的气候条件进行城市建设时,不能忽视绿化环境的同步建设,特别要利用闲置及零星的室外绿化空间,尽可能提高绿地面积,创造绿化条件和美化环境。在提高绿地面积困难的情况下,也应考虑屋顶、墙体及底层架空空间的立体绿化的运用,以提高绿化覆盖率,为居民多营造接近自然的绿化环境条件,净化生活空间环境,创造适宜的小气候条件,提高环境质量。

（2）创造具有区域文化特征的城市绿地环境设计前,应对所在地区文化特征进行深入分析。不同城市、不同地方,其气候、地理、居民生活习惯、地方历史文化有不同的特点,只有具有地区文化特征的绿化环境才具有特色、才更有生命力。这是塑造城市绿地环境质的飞跃的重要因素之一。

（3）创造具有美感的城市绿地环境城市绿地环境是优美人居环境的重要组成部分,只有具有艺术感染力、具有特色的园林绿色环境,才能给人美的享受,才是舒适、优美的生活环境,以满足人们对美的心理需求。

（4）为人们的社会交往创造条件,社会交往是人的心理需求的重要部分,是人类的精神需求,处于信息时代的人们对此需求更趋迫切。城市绿地则具有提供居民社会交往场所的先决和优势条件,通过各种绿化空间以及适当设施的设置,可以为居民的社会交往提供场所和优良环境。

（5）创造内容丰富、功能齐全的绿色空间。城市园林绿地空间是人们使用率较高的日常户外生活空间,是满足城市居民休闲时室外体育、娱乐、游憩活动需要的主要场所。因此,在城市园林绿地环境的塑造中,应尽可能从人们休息、体育、娱乐的功能需要出发,并满足不同结构层次人们的需求。

（6）居住区或居住小区内的各项绿地要统一规划、合理组织,使其服务半径能让居民方便地使用,使各项绿地的分布形成分散与集中、重点与一般相结合的形式。

（7）绿地内的设施与布置要符合该项绿地的功能要求,布局要紧凑。出入口的位置要考虑人流的方向,各种不同的年龄不同的活动之间要有分隔。

（8）要利用自然地形和现状条件,对坡地、洼地、河湖及原有的树木、建筑要注意到利用。因地制宜地选择用地和布置绿地,以节约用地和节省建设资金。

（9）绿地的布置要能美化居住环境,既要考虑绿地的景观,注意绿地内外之间的借景;还要考虑到在季节、时间和天气等各种不同情况下景观的变化。

（10）植物配置要发挥绿化在卫生防护等方面的作用,改善居住环境与小气候。数种选择和种植方式要求能投资少、有收益和便于管理;树木的形态及布置能配合组织居住区的建筑空间。

总而言之,城市绿地在协调人与自然关系中发挥着不可替代的作用,担负了保护生物多样性和文化多样性的重任。同时在人类生活空间和自然过程连续设计和管理中,实现了经济与高效、循环与再生等可持续发展的目的,因而城市绿地具有巨大的发展空间和机遇。

二、庭园绿化的方案

搞好城市小区绿化,必须首先做好城市绿地系统的规划,不仅在总体规划图上有考虑,而且要在详细规划中明确标出。要有远期规划的设想（譬如十年、二十年）,也要有近期实施的规划（譬如三年、五年）,和城市建设其他方面一样,总体规划、分期实现、远处着眼、近处着手,一旦城市绿地系统规划批准后,就成为这个城市绿化建设的指导文件。

庭园,就是房屋建筑的外围院落,其中栽有各种花木、布置人工山水等景观,可供人们欣赏、娱乐、休息,是人们生活的空间。庭园有居住区庭园,宾馆服务性庭园,医院、机关学校、工厂等公共庭园。

庭园绿化要满足各类庭园性质和功能的要求。庭园植物造景要与庭园绿化总体布局相一致,与环境相协调。庭园绿化的形式很多,从总体布局来说,一般可分为规则式、自然式、综合式等。

（一）规则式

又叫整形式,对称式。这种庭园中的绿化讲究在平缓的地形中进行布置。绿化常与整形的水池、喷泉、壁泉、雕像融为一体。主要建筑的四旁绿化布置和附属建筑一样,左右对称布置。注重装饰性的景观效果,线形注重连续性,景观的组织强调动态与秩序的变化,形成段落式、层次式、色彩式的组合。主要道路旁的树木也依轴线成行或对称排列。在主要干道的交叉处或观赏视线的集中处,常设立喷水池、日晷、塑像、陈放盆花、盆树等。修剪的各类植物高、低组合,使得绿化的景观效果对比鲜明。

园中的花卉布置也多以立体花坛、花丛花坛、模纹花坛的形式出现。对一些孤植的外形也进行人工修剪,借以创造绿柱、绿墙、绿门、绿亭、绿厅、动物形象和各种几何造型。常用绿篱、绿墙来分隔空间。

这种规则式庭园绿化景观常给人以庄严、雄伟、整齐之感,它适用于大型机关、学校、居住小区、工厂等规则式庭园的前庭布置。

（二）自然式

也叫不规则式。其特点是庭园中主要建筑,道路的分布草坪、花木、小桥、流水、池沼等均采用自然的形式布置,尽量顺应自然规律,浓缩大自然的美景于庭园的有限空间当中。在树木、花草的配置方面,常与自然地形、人工山丘、自然水面融为一体。水体多以池沼、溪流、飞泉、瀑布的形式出现,树木在建筑四周作不对称布局,路旁的树木布局也要随其道路自然起伏蜿蜒。

庭园的转角处常设有各种花台,配置四季花木。庭园中树木的造型不作规则修剪,有时加工成自然古老树的外形,以体现树形的苍青古雅。在庭园中常用树丛、假山、石峰来分隔空间。连续的自然景观组合,植物层次、色彩与地形的应用,形成变化较多的景观轮廓;在四季之中,表现出不同的个性,且更多地在整体景观中表现"柔"和的内容。采用自然式布局,总的构图以圆形为主;北端设置半圆形花架,与管理房共同构成一个建筑整体,花架附近入口处设有集散广场,以疏散人流;开花乔木——栾树为广场上的遮阴树,中心广场上设有两个造型各异的圆形花坛;两个广场之间的草坪上,点植着常绿树和各种花木。几个入口通道处皆有圆形花坛和树坛作景点。绿地以成行的洋槐为边界,同时又是人行小路的遮阴树。向南入口,树木密度加大,周围环境较安静,与北端集散广场相对称。林间开辟一个休息广场,广场上每株遮阴树下都围有一圈坐凳,可供游人在此短暂的休息。自然式的庭园景观,富有诗情画意,给人以幽静的感受,此种形式常用于地形起伏自然的庭园之中。

（三）综合式

具有规则式、自然式两种特点的庭园绿化为综合式。在大型的庭园中,常常在主体建筑近处采用规则对称式的形式进行绿化,而在这离主体建筑之处则采用自然式进行绿化,以便与大自然融为一体。各类建筑庭园绿化管理设计方案庭园按性质可分为家庭住宅庭园、学校庭园、医院庭园、工厂庭园、宾馆庭园等类型。对于不同的物业类型、不同的建筑平面与立面,各类庭园的绿化设计是不一样的,那么各类庭园绿化的设计方案也有所区别,现分别介绍如下：

1. 居住小区庭园绿化设计方案

居住小区庭园绿化，在一定程度上反映出房屋使用者的性格和兴趣。以老年人使用为主的庭园，可用绿色草坪为主，四周栽植松、柏、竹等常绿树，其前点缀灌木、石笋等，体现安静幽雅。中年人使用的庭园，要体现明朗、安定又稍有变化的特点，以草坪、花坛为主，适当配以花灌木和休息设施等。青年人使用的庭园，需要有宽广的空间和变化的形式其绿化要以草坪、花灌木为主，适当点缀高大乔木以遮阴，增设一定的运动设施和花坛。以少年儿童使用为主的庭园，要在富有变化的绿色环境里设置适当的游戏设施，以提高孩子们的兴趣、培养孩子热爱大自然的感情。

居住区中选用果树为主进行绿化时，一定要掌握各种果树的生物特性和生态条件的要求进行合理布局。在大门口可配植樱桃、苹果等高大果树，果树下再点缀耐阴的花木，在四周配植樱桃、栗树以形成绿色的围墙。园中种植杏、枣等，当果实满树时即形成满园热闹景象。

居住区庭园绿化必须注意创造的境界，不论是花草、树木之间的配置，还是与建筑环境的配合都要讲究比例、尺寸恰当，色彩的调和与变化，空间的组合和景色的变化要有诗情画意，形成优美的休息环境，从而满足使用人的生活和工作的需要。

由于各个庭园所处位置不同，其中对土壤、气温、阳光、雨水等自然环境的条件也各不相同，要因地制宜地选用乡土树种或相应的合适树种花卉才能早日取得绿化成效。

阳面位置的庭园绿化一般处在主体建筑的南向。阳光照射时间较长，庭园面积较大时，可以把地形处理得稍有高低起伏，使山、水、草地、树丛等过渡自然。在局部地区可设假山、水池，在依墙布置的假山悬崖上可设置自由下落的瀑布，在岩石上的种植池中可栽植小尺度的松树等。全园应遍植草坪，适当点缀黑松、龙柏、圆柏、苏铁、乌桕等，另外，还可种地柏、菲白竹、小叶麦冬、石竹、非洲菊、龙梗等以便在绿色的基调上又有各种花色的变化。

阴面位置的庭园绿化，一般位于主体建筑的北面或四合院，由于面积较小，阳光照射的时间少，常用假山石、耐阴的花草树木、甚至使用耐阴的苔藓、蕨类等进行绿化。在南墙角下可设水池，墙上可设壁泉等创造有趣的自然环境，绿化树木可选用珊瑚树、山茶、杜鹃、罗汉松等。特别是南方地区雨水多、湿度大的阴面庭园可用鹿角羊齿，兰科及观赏凤梨等植物进行绿化，都能取得很好的效果。

居住小区的庭院绿化，应与原来地形、地貌等自然环境相结合，采取集中与分散相结合的形式，创造安静舒适的休息空间和活泼生动的室外休息环境，既有利于居民休息，又适应儿童的室外活动。

在居住小区中，面积较大的小游园一般分布在居住区中部，有利于四周居民就近休息使用。其中可设休息、游玩的绿地，绿化种植以乔木遮阴为主，适当点缀一些观赏花灌木及花台、凳椅、儿童活动设施等，另外还可设立专供青少年活动的绿地，但要避免设在交通路口处，以免发生交通事故。绿化时要结合设施的内容和活动的需要，充分注意日照、防尘、通风等问题，在周围可用绿篱分隔空间。

行列式排列的建筑物，虽有较好朝向，但易形成长条庭园空间。靠近建筑物的地方可用花草灌木、草坪来绿化，中间道路的南侧可种植高大的乔木，以免视线贯通。

周边式楼层建筑，应充分利用中间空地，建设附属庭园或游园。在其四周布置绿带，中部适当使用树丛绿带来分隔空间,特别是中央部分除草坪外还应留出较大的铺装地面,以利通风、日照和方便成年人休息或打太极拳等轻微活动,其中一侧可适当设置青少年活动设施,用绿化树丛、树篱分离。

住宅小区的庭园绿化,要考虑到老人或幼儿活动,晒衣场,特别是垃圾箱要隐蔽,还要根据住户的需要种植花草、树木、草坪等,可适当种植落叶大乔木,避免种植鸢尾、凌霄、月季、玫瑰、墙薇、漆树等带刺或使人们皮肤过敏的花木。

2. 学校建筑庭园绿化设计方案

学校的庭园设计主要考虑的是创造一个美丽、幽雅、安静、清洁卫生的环境,以利教学、体育活动的开展和师生们的身心健康。

大、中专院校的庭园绿化布局,可采用自然式或规则式的方式进行布局,学校庭园一般可分为:前庭、中庭、后院、侧庭等。

(1)前庭的绿化布局 从学校大门口到院内第一幢建筑物前面的空间为前庭。大门口的绿化既要与街景一致,又要有学校自身特色。门内可设较大的广场,其间可布置花坛、雕像、喷泉等。

(2)中庭的绿化布局 教学楼之间的绿地空间叫中庭。中庭绿化的主要作用是防护和隔离,还要有利于学生的课间休息活动。在树种选择时要注意选用常绿乔灌木,在树种的配置上,常用高大的乔木进行绿化,既要注意保证教室内的自然采光,又要在两教学楼之间起隔离作用,还要在树下设立适当的游戏场地和设施。墙基可种植花灌木或花草,但其高度不应超过窗口,较大的常绿树应布置在两个窗口之间,远离建筑物7m远之外。教室东、西两侧可种大乔木,以防夏季东西日晒。在教室的南向还应该保留适当的空间,以便学生下课后在阳光充足的场地上活动。

(3)后院的绿化布局 后院处于学校建筑群的后方。一般将体育活动场地、科学实验场等布置在这里。体育活动场地,一般要远离教室15m以外,这里的绿化要根据活动项目的功能不同,进行合理布局,四周可布置数行常绿或落叶乔灌木混交林带,以防止干扰教室内学生的学习,也防止周围的污染气体、灰尘、寒风对场地上运动员的危害,并有利于运动员夏季的遮阴。

自然科学实验园地的绿化布局,要根据自然科学活动的需要进行。但在附近一定要有适当的水源和较好的排水道。

(4)侧庭的绿化布局 侧庭位于各校舍建筑物之间,围墙的转角或富有地形变化的山、水之间。侧庭的绿化可用常绿乔木创造出各种大小不同的绿化空间,同时布置座椅,以便学生室外学习之用。

3. 医院建筑庭园绿化设计方案

医院的庭园绿化除了一般功能外,还要创造一个安静的休养和治疗环境。从医院总体来讲,绿化面积应占全院用地面积的50%以上,才能满足以上要求。当然,对肺结核、精神病院还可以适当增加绿化面积。

医院绿化布置应首先考虑对周围环境的保护,在外围可种植10～15m宽的防护林带,以便防止外来的烟尘、噪声等干扰。

门诊部的前庭应有宽广的庭园,以便病人集散和休息的需要。其绿化应以装饰和美化为主,适当配以落叶大乔木,用绿篱、树丛分隔空间,布以座椅以利病人休息、夏季遮阴和冬季日光浴,特别是在诊断室四周应布置绿色的草坪、喷泉、花架等,适当点缀花卉,创造一个幽静的绿色环境。诊断室与总务、后勤部门之间还应设 20m 宽的常绿林带以便防护隔离。

住院部的庭园布置是医疗建筑的重要疗养区,其绿化要求色彩协调,充分隔离,以免其他噪声干扰,可设草坪、花坛、花廊、座椅等,以利住院病人散步、休息。在花坛中心可设水池或喷泉等小品,以供病人赏景。在后院可利用起伏挖池、叠山的地形,创造自然式庭园,以利病人疗养。

根据医疗需要,还可利用绿色灌木来分隔空间。但要注意传染病人与非传染病人不能使用同一庭园空间,至少要用 15～30m 的常绿和落叶防护林带隔离。

4. 工业厂房庭园绿化设计方案

工厂的庭园绿化与其生产性质、厂房车间、道路、上下管网和电缆等都有密切的关系。工厂前庭也叫厂前区,包括工厂的大门、办公楼、技术楼等外围环境,它是工厂行政、技术和管理中心。厂前区往往设在污染风向的上侧,管线较少所以绿化条件较好,该区又是内外宾必到之处,人流较多,所以它与厂容关系较大。该区绿化形式应与建筑形式相协调,共同创造一个美观的环境。

办公楼与车间厂房之间应设有乔灌木防护林带,借以防护来自车间的污染。工厂的车间是生产重地,也是工人集中的地方。其绿化主要是为了净化空气、调剂精神、维护工人身体健康,但是不能妨碍生产活动。在车间出入口可以重点布置草坪、花坛、配以花灌木与门口的宣传廊相结合,创造一个百花齐放的热烈环境。

在车间附近的绿化可选用树姿优美、花色鲜艳的花木,但不能影响车间内部的通风和采光。在车间附近可设休息亭、廊,布置松、柏和垂直绿化,为工人工间休息使用。在污染车间周围进行绿化,应以通风、扩散为主要目的,种植低矮的抗污染性强的花灌木或草坪。

对卫生要求较高的车间四周绿化,应全面铺设草坪,再用乔灌木配置,但不宜采用有飞絮的树种。另外,对防火爆要求较高的车间四周绿化应以防火隔离为主,选用含水量较高不易燃烧的树种,如柳、珊瑚、银杏等,在距离上还要保证有消防车的活动范围。

为了职工就近休息和开展各种文娱、社交活动,在厂内外布置小庭园是有必要的。在绿化布置上,可以采用因地制宜的方法,全面铺设草坪,栽植色彩鲜艳的花灌木或孤植树。适当设立座椅 、花架、水池、瀑布、喷泉等。还可以采用花灌木分隔空间,在建筑厂房墙面上可设立阴棚,花架进行垂直绿化。在有条件的工厂应参照公园绿化布局设计小公园,创造花园工厂。

5. 宾馆建筑庭园绿化设计方案

宾馆建筑的庭园以服务性为主,主要功能是便于接待国内外的来宾,以及短期开会、生活、居住。宾馆位置一般都处于城市交通便利地区。除主体建筑外,还有裙房等。

宾馆建筑园林艺术布局指导思想是建筑和环境协调一致,以创造一个花园式宾馆。庭园的设计应力求通过因地制宜造景的方法,形成宾馆不可缺少的园林休息、游览空间。

宾馆园林绿化风格,要体现出民族风格和地方特色。形成诗情画意的艺术境界。宾馆庭园绿化的布局一般来说,应从大门广场直到前庭的主景,各个不同的庭园绿化直到楼顶,形成内外结合,上下呼应的统一立体效果。每个花园又要有各自的主体和中心,配以假山、水池、亭、廊等小品,构成一个完美的园林空间,使客人得以美的享受。

各园林空间以绿化为主,各种乔木、灌木、花卉、草坪等高低错落、烘托其中主体设施,创造出花园特色。

整个花园完成后,高低错落的绿色植物和花廊可将花园空间分隔成大小不同的园林空间,各个园林空间中又有各自独特的景观。由主路连接各个花园、各个景点,形成完整的游览路线,便于客人游览和休息。

6. 庭园绿化1~12月管理工作记事

由于一年四季气候多变,庭园绿化要根据气候变化进行相应的管理工作。

三、绿化环境景观设计手段

（一）草坪

草坪是环境景观绿化设计运用最普遍的手法之一。草坪能起到净化空气、防暑降温、吸附尘土、减弱噪声,保护环境的作用。草坪建造有四种方法:直接播种草籽、直接栽草、用茎枝段繁殖、直接铺砌草块。

对于从事物业管理专业的从业人员讲,除了需要了解环境绿化的基本常识,还应掌握针对不同物业类型,制定出不同类型物业的草坪栽培管理方案。

1. 庭院绿地草坪管理方案

居住小区、学校、工厂、机关等范围内的草坪,均属观赏性庭院草坪。一些单位草坪的管理,如果缺乏草坪管理技术人员,同时修剪机械设备投资较大,可以考虑委托专门的园林绿化服务公司来管理,既可节省资金,又可保证草坪的质量水平。

2. 公共绿地草坪管理方案

公共绿地的数量逐年增加。绿地主要为了美学价值和观赏而设计的。这类草坪的外观一致性特别重要。在草坪品种选择上,最好是同一个品种,矮生的品种可以减少修剪的次数。草坪中的树木、小路、地形起伏给维护增加了困难。

绿色的草坪是天然的空气过滤器,吸收二氧化碳,释放氧气。在生长季节,一般的小庭院草坪释放的氧气足以供8人之需。噪声也可以通过草坪降低;草坪的腾发过程帮助降温,为植物和人类维持适宜的空气湿度,凉爽的绿色草坪保护眼睛。管理好草坪,不但美化环境,提高居住环境质量,而且也增加房地产的价值。

3. 土地整理

种植前首先对场地进行处理。如土质欠佳,应更换杂土并最后平整土地。为了确保新设草坪的平整,在换土或耕翻后应灌一次透水或滚压3遍,使坚实不同的地方能显出高低,以利最后平整时加以调整。清除杂草与杂物,可用"草甘磷"等灭生性的内吸传导型除草剂$(0.2\sim0.4\text{mL/m}^2)$,使用后2周可开始种草。土层应用$10\text{mm}\times10\text{mm}$的网筛过一遍,以确保杂物除净。初步平整、施基肥及耕翻。为了使草坪保持优良的质量,减少管理费用,就要尽可能使土层厚度达到40cm左右,最好不小于30cm。在小于30cm的地方应加厚土层。

4. 排灌系统

草坪与其他场地相比,更需要考虑排除地面水的问题。在最后平整地面时,要结合考虑地面排水问题。草坪多利用缓坡来排水,在一定面积内修一条缓坡的沟道,其最低下的一端可设雨水口以接纳排出的地面水,并经地下管道排走,或把沟直接与湖池相连。理想的平坦草坪的表面应是中部稍高,逐渐向四周或边缘倾斜。建筑物四周的草坪应比房基低5mm,然后向外倾斜。地形过平坦的草坪或地下水位过高或聚水过多的草坪、运动场的草坪等均应设置暗管或明沟排水,最完善的排水设施是用暗管组成一个系统与自由水面或排水管网相连接。

5. 建植

草坪排水、供水设施敷设完成,土面已经整平耙细,就可以进行草坪植物的种植施工。草坪的建植方法很多,可因品种不同而选择不同的建植方法。大多数冷季型品种直播最经济。某些暖季型品种中,如野牛草种子难得、成坪慢,则可选择营养繁殖的方法。

草坪种植方式主要有播种法、分株法、铺栽法、撒播、植生带铺栽法和吹附法等几种。

(1)播种法 即撒种播种。要取得播种的成功一般用于结籽量大而且种子容易采集的草种。采用播种法要注意的问题有:1)种子的质量,要求纯度在90%以上,发芽率在50%以上的优质种子;2)在播种前可对种子加以处理,如细叶苔草的种子可用流水冲洗数十小时;结缕草种子用0.5%的氢氧化钠浸泡50小时,再用清水冲洗后播种;野牛草种子可用机械的方法搓掉硬壳等。

草坪种子播种量越大,见效越快,播后管理越省工。种子有单播的和2～3种混播的。单播时,一般用量为10～20g/m²。应根据草种、种子发芽率等而定。混播则是在依靠基本种子形成草坪以前的期间内,混种一些覆盖性快的其他种子,例如:早熟禾85%～90%与剪股颖10%～15%。播种量适不同草种分别为:苇状羊茅25～40g/m²、草地羊茅10～25g/m²、草地早熟禾10～15 g/m²、紫羊茅15～20g/m²、匍匐紫羊茅15～20g/m²、加拿大早熟禾6～10g/m²、冰草15～25g/m²、无芒雀麦6～12g/m²、黑雀麦20～30g/m²、狗牙根10～15g/m²、野牛草20～30g/m²、小糠草5～10g/m²、地毯草5～12g/m²、匍茎剪股颖5～10g/m²、细弱剪股颖5～10g/m²、中华结缕草10～39g/m²、假俭草10～25g/m²。暖季型草种为春播,可在春末夏初播种;冷季型草种为秋播,北方最适合的播种时间是9月上旬。要注意播种时的温度。苇状羊茅20～30℃、草地早熟禾15～30℃、紫羊茅15～20℃、加拿大早熟禾15～30℃、冰草15～30℃、无芒雀麦20～30℃、狗牙根20～35℃、野牛草20～35℃、地毯草20～35℃、匍茎剪股颖15～30℃、细弱剪股颖15～30℃、假俭草20～35℃、结缕草20～35℃、猫尾草20～30、普通早熟禾15～30℃、红顶草20～30、欧剪股茎20～30℃、鸭茅20～30℃。播种方法有条播及撒播两种。条播有利于播后的管理,条播是在整好的场地上开沟,其深5～10cm,沟距离15cm,播种前灌水,用等量的细土或砂与种子拌匀撒入沟内;撒播可及早达到草坪均匀的目的。不用开沟,播种人应做回纹式或纵横向后撒播。播种后轻轻耙土镇压使种子人土0.3～0.1cm。后再喷水,使其浸透土层8～10cm,这样有利于种子的萌发。为了播种均匀,可渗抄拌匀后再播。充分保持土壤温度是保证出苗的主要条件。播种后可根据天气情况每天或隔天喷水,幼苗长至3～6cm时可停止喷水,但要经常保持土壤湿润,并要及时清除杂草。

(2)草株分株法 用植株繁殖较简单,能大量节省草源,一般1m²的草块可以栽成5～10m²或更多一些,是我国北方地区种植钢匐性强的草种的主要方法。分株法在全年的生长季均可进行,但种植时间过晚,当年就不能覆满地面。最佳的种植时间是生长季中期。分条栽与穴栽两种形式。以5～7株为一束,在乎整好的地面以15～20cm为行距,开5cm深的沟,把撕开的草块按20cm株距成排放入沟中,然后填土、踩实、浇水。为了提高成活率,缩短缓苗期,移栽过程中要注意两点:一是栽植的草要带适量的护根土(心土);二是尽可能缩短掘草到栽草的时间,最好是当天掘草当天栽,栽后要充分灌水清除杂草。

(3)草皮铺栽法 这种方法的主要优点是形成草坪快,可以在任何时候(北方封冻期除外)进行,且栽后管理容易,缺点是成本高,并要求有丰富的草源。要求生长势强、密度高,而且有足够大面积的无杂草的草为草源。在干旱地掘草块前应适量浇水,待渗透后掘取。先把草皮切成平行条状,然后按需要横切成块,草块大小根据运输方法及操作是否方便而定,大致规格有 45cm×30cm、60cm×30cm、30cm×12cm 等;草块的厚度为 3~5cm;草块运输时宜用木板置放 2~3 层,装卸车时,应防止破碎。国外大面积铺栽草坪时,常见采用圈毯式草皮。草皮的铺栽方法常见的有下列 3 种。1)无缝铺栽,是不留间隔全部铺栽的方法。草皮紧连、不留缝隙、相互错缝,要求快速造成草坪时常使用这种方法。草皮的需要量和草坪面积相同(100%)。2)有缝铺栽,各块草皮相互间留有一定宽度的缝进行铺栽。缝的宽度为 4~6cm,当缝宽为 4cm 时,草皮必须占草坪总面积的 70%以上。3)方格形花纹铺栽,草皮的需用量只需占草坪面积的 50%,建成草坪较慢。注意密铺应互相衔接不留缝,间铺间隙应均匀,并填以种植土。草块铺设后应滚压、灌水。

(4) 草茎撒播法　草茎撒播法包括播茎法、匍匐枝及根茎撒播法、匍匐茎撒播繁殖法、匍匐茎撒播式蔓植、匍匐茎植、草根撒栽法。此法是将母本草坪铲起,抖掉泥土,把匍匐嫩枝及草茎切成 3~5cm 长短的节段,然后均匀地撒播在整平耙细的草坪土面上,再覆盖一层薄土,稍稍压实。以后要经常喷水,保持土壤湿润,连续养护 30~45 天,撒播的草茎就会发出新芽。

(5) 移植生带铺栽方法　植生带是采用具有一定韧性和弹性的无纺布,在其上均匀撒播种子和肥料而培植出来的地毯式草坪种植带,可以在工厂中采用自动化的设备连续生产制造。在经过整理的地面上满铺草坪植生带,注意要压实,使植生带底面与土面紧密结合,然后,再覆盖 1~2cm 筛过的生土或河沙,浮土也要压实。为防止植生带边角翘起,可用细铁丝做成扣钉,将边角处钉在土面。植生带铺好后要浇水养护,每天早晚各浇一次,雨季可以不浇水。一般 10、15 天(有的草种 3~5 天)即可发芽,1~2 个月就可形成草坪。

(6) 吹附法　近年来,国内、外也有用喷播草籽的方法培育草坪,即草坪草籽加上泥炭(或纸浆)、肥料、高分子化合物和水混合浆,贮存在容器中,借助机械力量喷到需育草的地面或斜坡上,经过精心养护育成草坪。

6. 草坪的养护管理

种植施工完成后,一般要经过 1~2 周的养护就可长成丰满的草坪。草坪长成后,还要进行经常性的养护管理,才能保证草坪景观长久地持续下去。草坪的养护管理工作主要包括:灌水、施肥、修剪、除杂草、通气等环节。

(1) 灌水　生长季节,根据不同时期的降水量及不同的草种适时灌水是极为重要的。一般可分为 3 个时期:返青到雨季前,根据土壤保水性能的强弱及雨季来临的时期可灌水 2~4次;雨季基本停止期,土壤含水量已提高到足以满足草坪生长需要的水平;雨季后至枯黄前,可根据情况灌水 4~5 次。此外,在返青时灌返青水,在北方封冻前灌封冻水也都是必要的。注意一天之中,只要灌溉水的量小于同期土壤的渗透能力,一天中任何时候都能灌溉。如果应用间歇喷雾或间歇喷灌(雾化度较高),顶着太阳灌溉最好,如此不仅能补充水分,而且能明显地改善小气候,有利于蒸腾作用、气体交换和光合作用等,有助于协调土壤、水、气、肥、热,有利于根系及地下部营养器官的扩展,同时可以带动整个植株物质的转运贮存,调整呼吸,促进草坪的繁茂。若用浇灌、漫灌等,需看季节,早春、晚秋均以中午前后为好,其余则以晨昏为多。每次灌水量应根据土质、生长期、草种等因素而确定。一般草坪生长季节的干旱期内,每周约需补水 20～40mm;旺盛生长的草坪在炎热和严重干旱的情况下,每周需补水 50～60mm 或更多。不论何种灌溉方式,都应多灌溉几次,每次水量少些,最大到地面刚刚发生径流为度。

(2)施肥 为保持草坪叶色嫩绿、生长繁密,必须施肥,尤其氮肥更为重要。在建造草坪时应施基肥,草坪建成后在生长季需施追肥。寒季型草种的追肥时间最好在早春和秋季,第一次在返青后,可起促进生长的作用;第二次在仲春,天气转热后,应停止追肥。秋季施肥可于 9～10 月进行。暖季型草种的施肥时间是晚春,在生长季每月或两个月应追施一次。这样可增加枝叶密度,提高耐踩性。最后一次施肥,在北方地区不能晚于 8 月中旬,在南方地区不应晚于 9 月中旬。

(3)修剪 修剪是草坪养护的重点,而且是费工最多的工作。修剪能控制草坪的高度,促进分蘖,增加叶片密度、抑制杂草生长,使草坪平整美观。一般的草坪一年最少修剪 4～5次,国外高尔夫球场内精细管理的草坪一年中要经过上百次的修剪。修剪的次数与修剪的高度是两个相关的因素。修剪时的高度要求越低,修剪次数就越多。草的叶片密度与覆盖度也随修剪次数的增加而增加。应该注意根据草的剪留高度进行有规律的修剪,当草达到规定高度的 1.5 倍时就要修剪,最高不得超过规定高度的两倍。

(4)除杂草 防、除杂草的最根本方法是合理的水肥管理,促进目的草的生长势,增强与杂草的竞争能力并通过多次修剪,抑制杂草的发生。一旦发生杂草侵害,除用人工"挑除"外,还可用化学除草剂,如用 2.4—D 类杀死双子叶杂草;用西马津、扑草净、敌草隆等封闭土壤并抑制杂草的萌发或杀死刚萌发的杂草;用灭生性除草剂草甘磷、百草枯等对草坪建造前或草坪更新时防除杂草。

(5)通气 即在草坪上扎孔打洞,目的是改善根系通气状况,调节土壤水分含量,有利于提高施肥效果。这项工作对提高草坪质量起到不可忽视的作用。一般要求 50 穴/m²,穴间距 15cm×5cm,穴径 1.5～3.5cm,穴深 8cm 左右,可用中空铁钎人工扎孔,亦可采用草坪打孔机(恢复根系通气性机)施行。

草坪承受过较大负荷或经常受负荷的作用,土壤板结,可采用草坪垂直修剪机,用铣刀挖出宽 1.5～2.0cm、间距为 25cm、深约 18cm 的沟,在沟内填入多孔材料(如海绵土),把挖出的泥土翻过来,并把剩余泥土运走,施用高效肥料,以至补播草籽,加强肥水管理,草坪能很快生长复壮。

建造高质量的草坪及保持草坪青翠茂盛、持久不衰,在建造施工及养护措施中常借用机械来完成,可以大大提高工作效率和作业效率。常用的草坪机械主要有 3 种类型:草坪整地机械、草坪施肥和种植机械、草坪养护机械。

7. 病虫害控制

施用萌前除草剂是庭院草坪防治马唐草和其他杂草发芽的典型处理方法。液体的、颗粒型的萌后除草剂也可施用。阔叶杂草可用萌后除草剂来防除。害虫如蛴螬、长蝽、粘虫等可用杀虫剂来控制。杀菌剂也可以用于庭院草坪病害的防治,如:斑点病、夏斑病、红丝病等其他病害。

8. 冷季型草坪养护管理年历

(1)3 月:

1)播种:3 月中下旬播种,土壤温度升高种子即可萌发。

2）施肥与灌溉：施用含氮高、磷低、钾中等复合肥，施用量为每公顷 52.5kg 纯氮，施后灌溉。

3）补播和滚压：对无苗和功稀的地方尽早补播，播量比正常播量要低。3月末进行滚压，防止露出的根冠受干而死。

4）修剪：剪去冬季干枯的叶梢，修剪高度要低于正常修剪高度，以利接受更多的太阳辐射，提早返青。

（2）4月：

1）施肥：如需要可施肥，参照3月的资料。

2）修剪：对早熟禾、高羊茅草坪，修剪机设置高度为 5cm。对结缕草、剪股颖、狗芽根草坪，修煎机设置高度为 2.5cm。

3）防治马唐草：施用芽前型除草剂。

4）防治锈病：如有锈病发生，施用粉锈宁 2～3 次。

5）灌溉：如需要可乾地灌溉。为提高灌溉系统质量，建议安装地埋式喷灌系统。

（3）5月：

1）施肥：5月与7月之间的第二次施肥。参照3月的施肥方案。

2）马唐草防除：在马唐草未发芽的草坪上继续施用芽前除草剂。

3）除阔叶杂草：施用 2.4—D 类及其他阔叶杂草除草剂。

4）灌溉：如需要时进行灌溉。

（4）6、7月：

1）杂草控制：施用 2～3 次除草剂，或采用人工办法来控制杂草蔓延。

2）灌溉：必要时进行灌溉。

3）防治病害：褐斑病、枯萎病、夏斑病开始发生，喷施预防性杀菌剂，如多菌灵、井岗霉素、代森锰锌等。

4）防治粘虫：粘虫一年可发生 4 代，对草坪破坏性极大。及时发现是防治粘虫的关键。3 龄以内，施用 1～2 次杀虫剂可控制。

（5）8月：

1）播种新草坪：初秋是建植新冷季型草坪的最佳时间。

2）防治病害：高温高湿是许多病害发生的条件。施用杀菌剂，每隔 5～7 天喷施一次，连续施用 2～3 次。

（6）9月：

1）施肥：秋季施肥是一年中施肥量最多的季节。施肥促进草坪恢复，施用量应高于3月份。

2）垂直修剪：通过垂直修剪去掉枯草，为新草生长创造条件。

3）补播：选择优良品种，对稀疏草坪进行补播。

4）防治锈病：方法见4月。

（7）10、11月：

1）施肥：晚秋施肥可增加草坪绿期及提早返青。

2）清理落叶：如草坪上有落叶，要及时清理，防止伤害草坪。

（二）花坛及花卉栽植施工

要把花坛及花坛群搬到地面上去,就必须要经过定点放线、图案放样、砌筑边缘石、填土整地、花卉栽种等几道工序。

1. 定点放线与图案放样

种植花卉的各种花坛(花带、花境等),应按照设计图定点放线,在地面准确画出位置、轮廓线。面积较大的花坛,可用方格线法,按比例放大到地面。

放样时,若要等分花坛表面,可从花坛中心桩牵出几条细线,分别拉到花坛边缘各处,用量角器确定各线之间的角度,就能够将花坛表面等分成若干份。以这些等分线为基准,比较容易放出花坛面上对称、重复的图案纹样。有些比较细小的曲线图样,可先在硬纸板上放样,然后将硬纸板剪成图样的模板,再依照模板把图样画到花坛土面上。

2. 花坛边缘石砌筑

放线完成后,应沿着已有的花坛边线开挖边缘石基槽,基槽的开挖宽度应比边缘石基础宽 10cm 左右,深度可在 12~20cm 之间。槽底土面要整平、夯实,有松软处要进行加固,不得留下不均匀沉降的隐患。在砌基础之前,槽底还应做一个 3~5cm 厚的粗砂垫层,作基础施工找平用。

边缘石一般是以砖砌筑的矮墙,高为 15~45cm,其基础和墙体可用 1:2 水泥砂浆或 M2.5 混合砂浆砌 MU7.5 标准砖做成。矮墙砌筑好之后,回填泥土将基础埋土,并夯实泥土。再用水泥和粗砂配成 1:2.5 的水泥砂浆,对边缘石的墙面抹面抹平即可,不要抹光。最后,按照设计用磨制花岗石石片、釉面墙地砖等贴面装饰,或者用彩色水磨石、干粘石米等方法饰面。

有些花坛边缘还可能设计有金属矮栏花饰,应在边缘石饰面之前安装好。矮栏的柱脚要埋入边缘石,用水泥砂浆浇铸固定。待矮栏花饰安装好后,才进行边缘石的饰面工序。

3. 花坛种植床整理

在花坛内,进行翻土作业,并挑选、清除土中杂物。若土质太差,应当将劣质土全清除掉,另换新土填入花坛中。花坛栽种的植物都是需要大量消耗养料的,因此花坛内的土壤必须很肥沃。在花坛填土之前,最好先填进一层肥效较长的有机肥作为基肥,然后再填进栽培土。

一般的花坛,基中央部分填土应该比较高,边缘部分填土则应低一些。单面观赏的花坛,前边填土应低些,后边填土则应高些。花坛土面应做成坡度为 5%~10% 的坡面。在花坛边缘地带,土面高度应填至边缘石面以下 2~3cm;以后经过自然沉降,土面即降到比边缘石顶面低 7~10cm 之处,这就是边缘土面的合适高度。花坛内土面一般要填成弧形面或浅锥形面,单面观赏花坛的上面则要填成平坦土面或是向前倾斜的直坡面。填土达到要求后,要把上面的土粒整细,耙平,以备栽种花齐植物。

花坛种植床整理好之后,应当在中央重新打好中心桩,作为花坛图案放样的基准点。

(三)垂直绿化施工

垂直绿化就是使用藤蔓植物在墙垣、棚架、阳台等处进行绿化。许多藤蔓植物对土壤、气候的要求不苛刻,而且生长迅速,可以当年见效。因此,垂直绿化具有省工、见效快的特点。

1. 墙垣绿化施工

墙垣绿化施工有两种情况:一种是利用建筑物的外墙或庭院围墙进行墙面绿化;另一种

是在庭园围墙、隔墙上作墙头覆盖性绿化。

(1) 墙面绿化　常用爬附能力较强的爬墙虎、岩爬藤、凌霄、常春藤等作为绿化材料。表面粗糙度大的墙面有利于植物爬附，垂直绿化容易成功。墙面太光滑时，植物不能爬附墙面，就只有在墙面上均匀地钉上水泥钉或膨胀螺钉，用铁丝着墙面拉成网，供植物攀附。爬墙植物都栽种在墙脚下，墙脚下应留有种植带或建有种植槽。种植带的宽度一般为 50～150cm，土层厚度在 50cm 以上。种植槽宽度为 50～80cm，高为 40～70mm，槽底每隔 2～2.5m 应留出一个排水孔。种植土应该选用疏松肥沃的壤土。栽种时，苗木根部应距墙根15cm 左右，株距采用 50～70cm，而以 50cm 的效果更好些。栽植深度，以苗木的根团全埋入土中为准。苗木栽下后要将根团周围的土壤据实。

(2) 墙头绿化　主要用蔷薇、木香、三角花等攀援植物和金银花、常绿油麻藤等藤本植物，搭在墙头上绿化实体围墙或空花隔墙。要根据不同树种藤、枝的伸展长度，来决定栽种的株距，一般的株距可在 1.5～3.0m 之间。墙头绿化植物的种植穴挖掘、苗木栽种等与一般树木栽植基本相同。

2. 棚架植物

(1) 植物材料处理　用于棚架栽种的植物材料，若是藤本植物，如紫藤、常绿油麻藤等，最好选一根独藤长 5m 以上的；如果是木香、蔷薇之类的攀援类灌木，因其多为丛生状，要下决心剪掉多数的丛生枝条，只留 1～2 根最长的茎干，以集中养分供应，使今后能够较快地生长，较快地使枝叶盖满棚架。

(2) 种植槽、穴准备　在花架边栽植藤本植物或攀援木，种植穴应当在花架柱子的外侧，穴深为 40～60cm，直径为 40～80cm，穴底应垫一层基肥并覆盖一层壤土，然后才栽种植物。不挖种植穴，而在花架边沿用砖砌槽填土，作为植物的种植槽，也是花架植物栽植的一种常见方式。种植槽净宽在 35～100cm 之间，深度不限，但槽顶与槽外地坪之间的高度应限制在 30～70cm 为好。种植槽内所填的土壤，一定要是肥沃的栽培土。

(3) 栽植　花架植物的具体栽种方法与一般树木基本相同。但是，在根部栽种施工完成之后，还要用竹竿搭在花架柱子旁，把植物的藤蔓牵引到花顶上，若花架顶上的擦条比较稀疏，还应在擦条之间均匀地放一些竹竿，增加承托面积，以方便植物枝条的生长和铺展。特别是对缠绕的藤本植物如紫藤、金银花、常绿油麻藤等更需如此，不然以后新生的藤条会相互缠绕一起，难以展开。

(4) 养护管理　在藤蔓枝条生长过程中，要随时抹去花架顶面以下主藤茎上的新芽，剪掉其上萌生的新枝，促使藤条长得更长，藤端分枝更多。对花架顶上藤枝分布不均匀的，要进行人工牵引，使其排布均匀，以后，每年还要进行一定的修剪，剪掉病虫枝、衰老枝和枯枝。

3. 阳台绿化

由于阳台面积较小，常常还要担负其他功能，所以其绿化一般只能采取比较灵活的盆栽或花槽栽植方式。盆栽主要布置在阳台栏板顶上，一定要有围护措施，不得让盆栽往下落。花槽要注意底部钻若干孔眼，以排除多余水分，防止植物根系腐烂。

花槽、花盆装土不要太满，一般应留出 1～3cm 的边，这样可防止溢水，也便于疏松土壤。刚种不久的植物不需追肥。

(四) 水生植物的栽植施工

水生花卉应根据不同种类、品种习性进行种植。

栽植水生植物有两种不同的技术途径：一是在池底砌筑栽植槽,铺上至少15cm的培养土,将水生植物植人土中;二是将水生植物种在容器中,将容器沉入水中。这两种方法各有利弊。用容器栽植好处多些,例如位置上移动方便,在北方冬季取出防寒、收藏及换土加肥;春季分株等作业比较灵活省工,能保持池水及池底的清澈,清理池底和换水也方便。对漂浮类水生花卉,可从产地捞起移入水面,任其漂浮繁殖。

1. 种植器

可结合水池建造时,在适宜的水深处砌筑种植槽,再加上腐殖质多的培养土。

用荷缸、木箱、竹篮、柳条筐等,在一年之内不致腐烂的材料。选用时应注意装土栽种以后,在水中不致倾倒或被风浪吹翻。用有孔的容器如篮子、网格箱之类,虽然水土容易结合,但培养土及其肥效很容易流失到水口,甚至污染水质。

不同水生植物对水深要求不同,同时容器放置的位置又有一定的艺术要求,解决的方法之一,是水中砌砖石方台,将容器顶托在适当的深度上,稳妥可靠;另一种方法是,用两根耐水的绳索捆住容器,然后将绳索固定在岸边(钉椿或压在石下),如水位距岸边很近,岸上又有假山石散点,要将绳索隐蔽起来,否则会失去自然之趣,大煞风景。

2. 土壤

可用干净的园土,细细地筛过,去掉土中的小树枝、草根、杂草、枯叶等,尽量避免用塘里的稀泥,以免掺入水生杂草的种子或其他有害杂菌,以此为主要材料,再加入少量粗骨粉及一些慢性的氮肥。

3. 管理

水生植物的管理一般比较简单,栽植后除日常管理工作之外,还要注意以下几点：

(1) 检查一下有无病虫害;

(2) 检查是否拥挤,一般需要过3~4年分一次株;

(3) 定期施加追肥;

(4) 清除水中的杂草,池底或池水过于污浊时要换水或彻底清理。

(五) 屋顶绿化施工

在屋顶上面进行绿化,要严格按照设计的植物种类、规格和对栽培基质的要求而施工。施工前,要了解屋顶的承重能力,合理建造花池和给排水系统。土壤的深度根据树木种类及大小来确定。种植池中的土壤要选用肥沃、排水能力好的土壤,也可用腐熟过的锯末或梗石土等。紧贴屋面应垫一层厚度3~7mm的排水层。排水层用透水的粗颗粒材料,如炭渣、豆石等平铺而成,其上面还要铺一层塑料窗纱网或玻璃纤维布作为滤水层,滤水层上可填入栽培基质。

要施用足够的有机肥作为基肥,必要时也可追肥,氮、磷、钾的配方为2：1：1。草坪不必经常施肥,每年只需一、二次肥土即可,方法是用壤土1份和腐殖土1份混合晒干后打碎,用筛子均匀地撒到草坪上。

给水的方式有土下给水和土上表面给水两种。一般草坪和较矮的花草可用土下管道给水,利用水位调节装置把水面控制在一定位置,利用毛细管原理保证花草水分的需要;土上给水可用人工喷浇,也可用自动喷水器,平时注意土中含水量,依土壤湿度的大小决定给水的多少。要特别注意土下排水必须流畅,绝不能在土下局部积水,以免植物受涝。在屋顶的周边,可以修建稍小的种植槽或花台,填入厚达40~70cm的栽培基质,栽种稍高大些的灌木。在屋顶中部,要尽量种低矮的花卉或草坪,栽培基质的厚度应在25cm以下。

总之,屋顶绿化种植,必须在建筑物整体荷载允许的范围内进行,并符合下列规定:应具有良好的排灌、防水系统,不得导致建筑物漏水或渗水;应采用轻质栽培基质,冬季应有防冻措施;绿化种植材料应选择适应性强、耐旱、耐贫瘠、喜光、抗风、不易倒伏的绿地植物。植物种类选择一般是姿态优美、矮小、浅根、抗风力强的花灌木和球根花卉及竹类等。种植植物的容器宜选用轻型塑料制品。

第三节　物业区域内的环境绿化管理与服务

一、植物器官

植物体由很多种组织构成。具有一定的功能作用,并有特殊的形态结构的部分叫器官。分营养器官和繁殖器官两大部分。营养器官有根、茎、叶;繁殖器官有花、果实及种子。

（一）根

根是植物的重要组成部分,是植物赖以生存的支柱。根有吸收、运输、支撑和贮藏的功能,也有合成和繁殖的功能。根是通过它的尖端长满根毛的那些部分吸水的。根毛纤细而柔软,每一根根毛都是一个微型水泵,它们不停地吸收着周围的水分和营养物质,诸如二氧化碳和无机盐类。

根也是一个营养物质的贮藏所,在薄壁组织间层中,贮藏着糖类等营养物质和矿质元素。根还是植物的大工厂,它们在这个地下工厂里,繁忙地生产,用无机氮合成氨基酸,及合成各种各样复杂的氮化合物,如植物碱等。在长根瘤的根里,这个工厂的规模更大,产品更丰富。根还有一个作用就是可以用它来代替种子进行繁殖;如杨、枣、刺槐、泡桐等。根能延续植物的生命,因为植物的根有更新的机能。

一株植物所有根的总体,称为根系。根据它的起源和形态可分为直根系和须根系。种子萌发时,首先冲破种皮,由胚根发育成的叫主根,上面的杈叫侧根,侧根上还长杈,那是二级根;再依次就是三级根。这类主根发达,与侧根及不定根有显著区别的是直根系,如雪松、樟树、广玉兰等;另一类的根,分不出主次,根的粗细、长短都相差不多,好像一把胡须,它们从种子里萌发出的胚根很早枯萎,只发出大丛的须根,其实是从茎的基部产生出来的不定根,这类根系叫须根系,如棕榈、珊瑚树（法冬青）;竹等。根据根系在土壤中分布的状况,又可分为浅根系(如悬铃木)和深根系(如核桃)两大类。

根是怎样钻到坚实的土壤里去的呢? 让我们看一下根的构造和生理功能吧。

根在自己头上(根尖)戴了一顶帽子,叫做根冠。帽子里面是有增生新细胞能力的总部,叫做分生组织(也叫生长锥)。总部的细胞迅速分裂,细胞数目很快增多,根渐渐生长,不断在土壤内深入。在根的生长过程中,根冠保护着幼嫩的、新生的细胞。在前进中,砂石土粒的碰撞,根冠不断地磨损、剥落,并一直分泌粘液,起润滑作用,便于根的延伸。与此同时,分生组织随时派遣一部分细胞制造出新的根冠,代替磨损、剥落的根冠,严密保护着分生总部。分生组织并不大,它在根冠后面长约2~8mm。

根生长的第二个力量,是在根分生组织后面的延长部,又叫增生部。这部分细胞最初呈球形,后来渐渐伸长成圆柱状。细胞共同延长,共同形成撑力,迅速增加了根的长度。

延长部之后是根的成熟部。这部分细胞除了负责分化和专化一些组织(导管和根毛等)

外,也能延长成为推进根向土壤深入的第三个力量。

根的分生组织部、延长部、成熟部的细胞分裂、细胞延长的力量,是不可阻挡的生命力量,正是它使纤弱的植物根穿过厚厚的土层,把植物固定在大地上。

(二) 茎

茎有粗有细。粗者如"世界爷",若从树干基部开一个洞,可让汽车通过,树桩还可以当作舞台用;细者如路边的小草,茎极细只有几毫米粗。谁来决定茎的粗细呢?原来是形成层。在树木的横四面上,树皮之内一圈颜色较深的是韧皮部,韧皮部只占茎的很少部分。往里是木质部,它占茎的绝大部分。韧皮部和木质部之间有一层排列整齐、细胞壁较薄的细胞,就叫做形成层。形成层有强烈的分裂能力,向外不断形成新的韧皮部细胞,加在原先形成的韧皮部里面,新形成的木质部细胞则加在原先形成的木质部外面。每年生长季中,形成层细胞照例都要进行分裂,这样年复一年,由于木质部和韧皮部(主要是木质部)的加厚,树木的直径也就随着加粗了。而草本植物茎很细,因为它们没有树木那样绕茎一圈的形成层,仅有束内形成层,只能靠细胞扩大来增加。

茎主要有输导和支持的功能,它能够把植物根所吸收的水和溶于水中的无机盐以及根所合成的物质运送到叶、花、果、种子中去,同时将光合作用产生的有机物输送到植物体各部分。茎中的各种机械组织具有坚强的支持作用,使枝、叶、花、果和种子安排在一定的空间,有利于进行光合作用、开花、传粉以及果实、种子的散布。

茎的基本组织有贮藏的功能。在一些变态茎中,如块茎、鳞茎、球茎、根茎等,贮藏物质更为丰富。茎具有形成不定根、不定芽的繁殖能力,从而能形成新的植株。根状茎、鳞茎、块茎、球茎及匍匐茎都可以进行自然营养繁殖。生产上常用的扦插和压条,就是利用植物的茎能产生不定根的这个习性。嫁接则是利用植物受伤后具有的愈伤机能。

植物茎干可分为木本、草本、藤本三类。木本植物茎内木质部发达,木质化细胞多,植株茎干一般坚硬直立,寿命较长,能逐年生长。木本植物根据茎干的形态可分为乔木与灌木。凡主干明显、植株高大,在距地面较高处形成树冠的叫乔木,如松、杨、樟、柳等。凡树身矮小、没有明显的主干,近地面处就生出许多枝条,成为丛生状态的叫灌木,如牡丹、木槿、夹竹桃、栀子花、紫荆等。草本植物茎内木质部不发达、木质化细胞少、植株较小、茎干柔软。根据草本植物生活史的长短,而分一年生如鸡冠花、凤仙花等;二年生如雏菊、三色堇等;多年生如菊花、芍药等;万年青、兰花等为常绿多年生草本。藤本植物茎干细长、不能直立,匍匐地面或攀附它物而生长。按其茎的质地可分为草质藤本如牵牛;本质藤本如紫藤、葡萄等。

植物的茎又可分为地下茎与地上茎两类变态。地下茎的变态与根相似,但辨别茎的基本特征是具节间、顶芽、测芽。常见的地下茎变态有块茎,如马铃薯,块茎上同样有节间,不过极短,也有顶芽,顶芽和马铃薯着生的部位恰好相对;鳞茎,如百合、水仙、石蒜属等植物,它们的茎称为鳞茎盘,许多下层的多计叶就着生在鳞茎盘上,这些叶层层相叠,好像鳞片,有时一个鳞片完全能把另一个鳞片包起来,有时又像房子上的瓦片一样错落相叠;球茎,如唐菖蒲;根状茎,如竹鞭。地上茎常见的变态有茎卷须,如葡萄;茎刺(枝刺),如石榴;叶状茎(叶状枝),如昌花;肉质茎,如仙人掌。

裸子植物和双子叶植物茎的一般结构,由外及内可分为表皮、皮层、韧皮部、形成层、木质部、髓等几部分。此外,还形成树皮、生长轮(年轮)等结构。

（三）叶

叶是植物进行光合作用、蒸腾作用和呼吸作用的重要器官。叶具有在根外施肥时吸收叶面肥料的能力，以及将喷施的有机磷杀虫剂等农药吸收到植物体内的能力。此外叶还具有保护作用，如叶刺、苞叶等；贮藏作用，如鳞叶；少数植物的叶还有繁殖能力如秋海棠等。

叶一般由叶片、叶柄和托叶三部分组成。叶片是叶的主要组成部分，通常为绿色扁平体，内有叶脉分布。叶柄是叶片与茎相连的柄，有支持叶片伸展和输导水分与养料的功能。托叶位于叶柄基部与茎相接处，一般呈叶状，常细小、早落，有保护幼叶和腋芽的作用，也可进行光合作用。具备叶片、叶柄、托叶三部分的叫完全叶，缺少其中一或两部分的叫不完全叶。

叶片的形状也包括叶缘、叶尖、叶基的形状。叶片的整体形状主要由叶的长度和宽度的比例及最宽处的部位来决定。在叶片的发育过程中，长度占绝对优势时，则出现针形叶、线形叶、剑形叶等；长度与宽度接近，或虽长一些但最宽处在叶片中部，则出现圆形、阔椭圆形或长椭圆形；最宽处在叶片顶端，则成倒阔卵形、倒卵形或倒披针形，最宽处在叶片基部，则形成阔卵形、卵形成披针形。一般叶面宽阔的双子叶植物称阔叶树，如樟树、泡桐等。叶通常为针状、条状或鳞片状的裸子植物叫针叶树，如松、杉、柏等。

叶缘指叶片的边缘；在叶片生长时，叶缘生长如以均速度进行，则出现全缘叶。如叶缘生长速度不均，就出现齿状，如锯齿、重锯齿、钝锯齿等，或波状、缺刻，如掌状、羽状、浅裂、深裂、全裂等。

叶尖和叶基各种各样助状态，也都是由于叶片局部的生长情况不同所致。叶尖指叶片的尖端。叶基指叶片的基部。

叶片中叶脉分布的规律称为脉序。脉序一般可分为网状脉、平行脉、弧形脉、叉状脉几类。网状脉为多数双子叶植物的脉序，主脉分出侧脉，测脉一再分枝，形成错综复杂的细脉，联成网状。网状脉又按主脉数分为羽状网脉和掌状网脉。平行脉为大多数单子叶植物叶脉的特征，叶脉平行分布，各脉间以细脉联系，但不呈网状。平行脉又分成直出平行脉（直脉）、侧出平行脉、射出平行脉。弧形肠的各叶脉由叶基出发后，在叶片中部相距较远稍弯曲作弧形，最后集中叶尖。叉状脉的各叶脉均作两叉分枝，1个时脉分为大小不同的两个分枝，在同一叶上可以有好几个分枝。

叶的结构分叶柄结构和叶片结构两部分。叶柄结构的最外层是一层表皮，内为皮层。皮层里的厚角组织是叶柄的主要机械组织，皮层中间夹有呈半圆分散排列的维管束，韧皮部在背茎一面，木质部在向茎一面，二者之间往往有一层短期活动的形成层。叶片的结构由表皮、叶肉和叶脉三部分组成。

（四）花

花是植物生命进化的一种产物，是变态的叶，由叶演变成了花。花的芳香、多姿与鲜艳，是为了招引昆虫，因此"虫媒花"，大多都是很漂亮的。花的基本色彩以红、白、黄三色为最多，因为这三种颜色最容易为传粉的昆虫所辨认。如蜜蜂，对黄、白两种颜色最敏感，而蝴蝶则善于辨认红色。开花是繁殖后代的一种重要方式，花是种子植物所特有的繁殖器官，在比种子植物低级的植物类型中，包括蕨类、苔藓以及藻类植物，都没有花这样的器官。花在被子植物中得到了最充分的发展，裸子植物的花结构也是极为简单的。被子植物的花是由花柄、花托、花萼、花冠、雄蕊、雌蕊等部分组成。

花柄是每一朵花所直接着生的小枝,位于花朵和茎相连的中间部分。

花托是花柄的顶端部分,即花萼、花冠、雄蕊、雌蕊着生的地方。

花萼是花的最外一轮,由若干枚萼片组成,一般为绿色叶状薄片,也有呈花瓣状的。萼片全部分离的称离萼;全部或基部联合的称合萼,合萼下端联合的部分叫萼筒。

花冠由若干枚花瓣组成,一轮或多轮;排列于花萼的内方或上方。花萼和花冠总称为花被。

雄蕊位于花冠里面,一般着生在花托上,也有的生在花冠上面。一朵花中所有的雄蕊,总称为雄蕊群。每一雄蕊由花丝和花药两部分组成。花丝细长呈柄状,具有支持上部的花药向外伸展的作用,其长短、分离或联合随植物种类而异。花药是雄蕊的主要部分,位于花丝顶端,分离或联合。每一花药通常分为两个室,每一药室又有一或两个粉囊。花粉成熟时,花粉囊以各种方式开裂,散出花粉。

雌蕊位于花的中央部分,由柱头、花柱和子房三部分组成;雌蕊顶端是柱头。花柱介于柱头和子房之间,子房着生在花托上。子房由于房壁、胚珠、胎座所组成。一朵花中分离或联合的雌蕊总称为雌蕊群。雌蕊由心皮连接而成。单雌蕊是一花中由一个心皮构成的一个雌蕊,如桃、槐等。复雌蕊是一花中由两个或两个以上心皮构成的雌蕊。根据心皮是否联合又分为离生雌蕊和合生雌蕊。离生雌蕊是一花中多个心皮彼此分离或多个雌蕊,如玉兰、莲等。合生雌蕊是一花中数个心皮连接成一个雌蕊,如番茄、南瓜等。合生雌蕊各部联合情况不一致,有的仅子房结合而花柱、柱头分离;有的子房、花柱结合而柱头分离;有的全部结合。

（五）果实

被子植物传粉、受精后,由雌蕊的子房或花的其他部分参加而形成的,具有果皮和种子的器官叫果实。只有被子植物才能结果实。雄花也不结果实。

卵细胞受精后,花冠凋谢,柱头和花柱也都萎谢。这时剩下的整个子房(包括其中的胚珠)继续发育长大,成为果实,子房在发育长大过程中,子房壁的细胞进行细胞分裂,并分化为多层的不同组织,从而形成了果皮;子房中的胚珠则发育为种子。果皮和种子共同形成了果实。

成熟果实的果皮可分三层:外果皮薄,常被角质、蜡质或绒毛;中果皮厚;内果皮结构上变化很大,有的木质化加厚成果核、有的变为多汁的可食部分。

果实的类型,按形成果实来源分为真果和假果。真果是完全由子房形成的果实,如桃、大豆等。假果是由子房与花托或花被或花序轴等共同形成的果实,如梨、苹果等。按雌蕊结构的不同分单果、聚合果和复果。

单果是由一朵花中单雌蕊或复雌蕊的合生雌蕊形成的果实,如李、杏等。其中以果皮性质不同分为肉果、干果两类。肉果的果皮肉质化,大多是可食用的果实。依其果皮变化又分浆果,如樟、葡萄等;瓠果,如西瓜、南瓜等;柑果,如桔类的果实;核果,如桃、沙枣等;梨果,如梨、苹果等。干果的果皮干燥,依其成熟后果皮开裂与否而有裂果、闭果之分。裂果的果实成熟时,依果皮失水干燥的开裂程度,又分为荚果,如槐、紫荆等;角果,如白菜、荠菜。闭果的果实成熟时,果皮虽失水干燥但不开裂,可分为瘦果,如腊梅、向日葵;颖果,如稻、麦;翅果,如榆、白蜡;坚果,如麻栎、桤木;分果(又称离果、双悬果);如胡萝卜、茴香。

聚合果是由一朵复雌蕊花中多个离生雌蕊与花托联合形成的果实。每一单雌蕊形成一个单果,这些单果聚在一个花托上组成聚合果。

复果(也称聚花果、花序果)。是由整个花序形成的果实。其中每一朵花形成一单果。并有种种变化,如悬铃木的球形复果是由小坚果聚生而成。桑的复果叫桑椹,它的食用部分为肥厚多汁的花草。凤梨(菠萝)的主要食用部分是肉质化的花序轴(花不孕)。无花果的花序轴和花托内陷成囊,并肉质化,成熟时整个果序一起脱落。

探子植物的球果,由呈球状的雌花序经传粒、受精发育而成。成熟的球果一般开裂。木质化的种鳞张开后,使通常带翅的种子散出。由于种鳞不包被种子,故不能形成果实。裸子植物即因此而得名。如松、杉、柏。

（六）种子

在植物界中,能形成种子的植物,大约占植物的 2/3,称为种子植物。种子的形状千奇百怪;从种子表面看,有的光滑发亮;有的外表非常粗糙;还有的具有多种花纹;也有上面长钩、刺、小瘤、翅、茸毛等。种子的颜色也各不相同,种子个体的大小差异很大,最大的种子如椰子,一般重达几斤,最小的种子如兰科植物,轻如尘埃;200 万粒种子加在一起才只有 1g 重。

每种植物都以各种方法来传播种子。有靠风传播的如蒲公英、百合、柳树、臭椿等,这些种子往往是薄片状,或有翅、翼、羽毛、绒毛等结构;有的靠水来传播后代,雨水、溪流、海潮都可以携带种子走出很远的距离,这些种子或果实长着贮气的器官,靠着气囊漂浮在水面上,如睡莲、荷花、椰子、泽泻等;还有靠动物传播后代的,这些植物长有钩刺,挂在动物身上,如苍耳、鬼针、蒺藜等;另外鸟类、蚂蚁类都能传播种子;还有些植物成熟时自己开裂播送出去,如凤仙花、豆科植物。

种子植物的胚珠受精后,发育成的繁殖器官叫种子。被子植物的种子包被在由子房发育而成的果实内;裸子植物的种子则裸露无包被。

植物的种子虽然在大小、形状、颜色、花纹及所含养分等方面各有不同,但基本上都有种皮、胚、胚乳三部分。

种皮包在种子外边,是由胚珠的珠被所形成的保护种子的结构。被子植物的种子成熟后,种皮为干种皮,但在裸子植物中,种皮可以成为肉质的,如银杏。种皮的表面常具附属物,其中有表皮毛,如棉花种子;有扩展成翅,如泡桐;由珠柄或胎座发育而成的假种皮,包于种皮之外,如荔枝、龙跟果实中肉质可食部分。

胚由受精卵发育而成。胚由子叶、胚芽、胚茎和胚根四部分组成。胚芽能发育成枝(茎和叶)的原始体。胚根能发育成植物的主根。胚茎又称为胚轴或下胚轴,为子叶着生点与胚根之间的轴体,它上端接胚芽,下端连胚根,子叶着生其上。裸子植物有二至多枚子叶;被子植物中单子叶植物为一枚,双子时植物为两枚。

胚乳是种子内贮藏养料的组织。供给种子萌发时胚发育所需的养料。被子植物的胚乳是由胚乳核(受精极核)发育而成。胚乳核经过多次分裂形成胚乳细胞。胚乳细胞逐渐填满整个胚囊,仅留幼胚所占的地位,这些胚乳细胞组成的组织就叫胚乳。裸子植物的胚乳于受精前由成熟胚囊直接分裂发育而来,虽有胚乳的功能,但在起源上不同于被子植物。还有些植物的种子在成熟过程中,胚乳的营养物已被消耗,而养料贮藏于胚的肥大子叶内,故称为无胚乳种子,如豆科植物。

当完全成熟的种子获得适当的外界条件(主要是水分、温度和氧气)时,胚便由休眠状态转为活动状态而开始生长,并发育形成幼苗。这个过程就是,种子的萌发。萌发时,先是种子吸水膨胀,种皮变软,胚乳内部活动加强,把贮藏物质分解为可溶性物质,并释放能量,供胚生长之用。继而胚各部分细胞分裂、伸长和扩大表现为迅速生长。一般为胚根先长,胚茎加强活动(伸长或不伸长),接着子叶出土或留土,然后腔芽发育为茎、叶,从而形成具有根、茎、叶的幼小植物——幼苗。

二、花卉栽培

从花圃挖起花苗之前,应先灌水浸湿圃地,起苗时根土才不易松散。同种花苗的大小、高矮应尽量保持一致,过于弱小或过于高大的都不要选用。

花卉栽植时间,在春、秋、冬三季基本没有限制,但夏季的栽种时间最好在上午 11 时之前和下午 4 时以后,要避开太阳曝晒。花苗运到后,应即时栽种,不要放了很久才栽。栽植花苗时,一般的花坛都从中央开始栽,栽完中部图案纹样后,再向边缘部分扩展栽下去。在单面观赏花坛中栽植时,则要从后边栽起,逐步栽到前边。宿根花卉与一、二年生花卉混植时,应先种植宿根花卉,后种植一、二年生花卉;大型花坛宜分区、分块种植。在单面观赏花坛中栽植时,则要从后边栽起,逐步栽到前边。若是模纹花坛和标题式花坛,则应先栽模纹、图线、字形,后栽底面的植物。在栽植同一模纹的花卉时,若植株稍有高矮不齐,应以矮植株为准,对较高的植株则栽得深一些,以保持顶面整齐。立体花坛制作模型后,按上述方法种植。

花苗的株行距应随植株大小高低而确定,以成苗后不露出地面为宜。植株小的,株行距可为 15cm×15cm;植株中等大小的,可为 20cm×20cm 至单 40cm×40cm;对较大的植株,则可采用 50cm×50cm 的株行距,五色苋及草皮类植物是覆盖型的草类,可不考虑株行距,密集铺种即可。

栽植完成后,要立即浇一次透水,使花苗根系与土壤密切结合,并应保持植株清洁。花卉种植时,种植深度宜为原种植深度,不得损伤茎时,并保持根系完整。球茎花卉种植深度宜为球茎的 1～2 倍。块根、块茎、根茎类可覆土 3cm。

花苗应选用经过 1～2 次移植,根系发育良好的植株。起苗应符合下列规定:裸根苗,应随起苗随种植;带土球苗,应在圃地灌水渗透后起苗,保持土球完整不散;盆育花苗去盆时,应保持盆土不散。起苗后种植前,应注意保鲜,花苗不得萎蔫。模纹花坛种植时,应将不同品种分别置放,色彩不应混淆。花苗运到后,应即时栽种。栽植时间,在春、秋、冬三季基本没有限制,但夏季的栽种时间最好在上午 11 时之前和下午 4 时以后,要避开太阳暴晒。各类花卉种植时,在晴朗天气、春秋季节、最高气温 25℃ 以下时可全天种植;当气温高于 25℃ 时,应避开中午高温时间。

后期管理。栽植完成后,要注意经常浇水保持土壤湿润,浇水宜在早晚。花苗长到一定高度,出现了杂草时,要进行中耕除草,并剪除黄叶和残花。若发现有病虫滋生,要立即喷药杀除。如花苗有缺株,应及时补栽。对模纹、图样、字形植物,要经常整形修剪,保持整齐的纹样,不使图案杂乱。修剪时,为了不踏坏花卉图案,可利用长条木板凳放入花坛,在长凳上进行操作。对多年生植物,每年要施肥 2～3 次;对一般的一二年生草花,可不再施肥;如确有必要,也可以进行根外施肥,方法是将水、尿素、磷酸二氢钾、硼酸按 15000：8：5：2 的比例配制成营养液,喷洒在花卉叶面上。当大部分花卉都将枯谢时,可按照设计中花卉轮替计划,换种其他花卉。

花卉栽培要做好以下几项工作:

（一）整地及作畦

整地应选晴天，土壤干湿适度时进行。整地时必须先翻耕土地并拣清石块、瓦片、杂草根等。耕地深度按花卉种类及土壤情况而定，一般一、二年生花卉入土不深，耕翻20～30cm即可，宿根花卉数年不移，地下部分肥大，宜耕40cm左右。根据土壤性质不同耕翻时砂土宜浅，粘土宜深。

整地后要作畦，江南一带常筑高畦，易于排水。畦面全般高出地面30cm左右，宽120cm。畦面两侧为排水沟，畦向除冬季需防寒为东西向外，其他可南北向。

（二）间苗

间苗又称疏苗，播种出苗后，可将过密之苗拔去，同时进行除草，但不要一次间得过稀，要逐次进行。

（三）移植

露地花卉中除了一些不耐移植的种类直接播于栽种地外，大多数花卉均先在苗床育苗，经1～2次移植后，最后定植于花坛或花圃暗中。

移植要选择阴天无风之日。起苗前先在苗床上浇水，避免土硬根部受伤，尽量做到随挖随栽。栽植时先挖穴，使根须均匀分布在穴内，然后封土压紧，栽后要立即浇透水，阳光强烈时还要遮阴。

（四）浇水

由于植物种类、大小、土壤质地、季节的不同，浇水工具、浇水量、浇水次数、浇水时间也各不相同。如播种刚出的苗，植株过小，宜用细孔喷壶喷水；大面积的栽培苗，可用皮带管喷洒。夏季灌溉宜在清晨或傍晚进行，冬季灌溉应在中午前后进行，阴天则随时可以进行。每次浇水必须浇透，决不能仅将土面湿润就止。

（五）施肥

花卉施肥要恰到好处。在终止前应先施足积肥。基肥常由厩肥、堆肥、河泥、骨粉、砻糠灰、过磷酸钙等。施肥方法可采用整地普施或穴施、条施。为弥补基肥的不足，常根据花卉不同生长发育时期的特殊要求，追施一些粪干、粪水及豆饼等，亦可追施化学肥料。

（六）防寒越冬

防寒主要是防霜冻及保护越冬。要注意预防秋季的早霜和春季的晚霜。防霜主要用浇水、覆盖、烟熏、包扎束叶等办法。

三、树木的一般养护管理

树木种植以后，经常性的养护管理是十分重要的。树木的养护，应该根据树木的生成发育，不同季节的需要来进行，主要的养护工作如下：

（一）加土扶正

新种树木下过一场透雨后要进行一次全面的检查；树干已经摇动的，应填土培实；树潭泥土过低的，应及时覆土填平，防止雨后积水引起烂根；树潭泥土过高的，也要耙平。

（二）剥芽修剪

新种树木经过挖掘、搬运常受损伤，以致有部分芽发不出，因此要检查枝梢上有无枯枝现象。发现枯枝就要及时剪除，否则会影响其他芽的抽生，影响整株树木的苗壮成长。

树木在自然生长过程中，树干、树枝上会萌发许多嫩枝、嫩芽，造成树干生长不挺直，或树冠生长不匀称。这样不但消耗大量养料，而且树形也受到影响。为使树木迅速生长高大，早日覆盖遮阴,要随时摘除多余的嫩芽,修剪生长部位不得当的枝条,使树冠能均衡地吸收日光和空气,减少病害和虫害,促使树木生长旺盛。树木生长期间触及架空线、电灯照明、建筑门窗等设施的枝叶要随时剪除。过密的枝叶可用疏枝的方法进行修除,以防止因树冠过大而被风吹倒。其他庭园树、花果树、绿篱要根据树种和不同的定型要求进行适当修剪。

（三）松土除草

苗木经过多次浇水或降雨以后,周围泥土容易紧实,需用锄头将表土耙松。苗根附近如有杂草,特别是蔓藤严重影响苗木成长,要及时除掉。

松土、除草可以使土壤疏松,保证土壤空气流通、调节泥土的温度、促进土壤中养分的分解、有助于苗根吸收,松土能防止水分蒸发,减少旱害;防止害虫潜伏,减少虫害;还可以增加土壤对养料的吸收和含蓄空气中的氮素。除去夺取苗木营养的杂草,并可作为肥料。

除草结合松土时,注意不能过浅也不要过深。因为太浅不能起到应有的作用,过深又会伤害苗根,松土、除草的深度一般以 7～8cm 较为适宜。

（四）施肥

为使树木生长良好,施肥是重要的措施之一。新种的树木根幼嫩,施肥不能过浓,原有树木可稍浓些,施追肥要在松土以后进行,使肥料易渗透土中被根部吸收。

施用追肥应选天气晴朗、土壤干燥时施,如在阴雨天施肥,由于树根吸收水分慢,不但养分不易吸收,而且肥分还会被雨水冲失,造成浪费。施用的肥料要充分腐熟,并用水稀释后才能施用,否则对树木反会有害。由于树木的根群分布广,吸收养料和水分全在须根部分,因此施肥要在根部的四周,不要在紧靠树干的地方。

（五）防治病虫害

在树木的养护管理中,防治病虫害是十分重要工作,这项工作一年四季都要做。冬季除虫可用人工在树干及树枝上捉除虫卵、虫茧,或在树木根部周围的泥土下挖除蛹、茧、卵块等。同时也要清除树木四周的害虫潜伏场所,如杂草堆、修剪下来的病虫害枝及枯枝柴堆、垃圾堆等。在树木株行间进行冬耕翻土,可将埋在地下的害虫翻出冻死;冬季没有除尽的害虫,到夏、秋季,就大量繁殖危害,这时就要采用人工捉除和药剂喷杀进行除虫。

四、突破季节限制的绿化施工

一般绿化植物的栽种时间,都在春季和秋季,但有时为了一些特殊目的而要进行突击绿化,就需要突破季节的限制进行绿化施工。此时,为了施工获得成功,就必须采取一些比较特殊的技术方法来保证植物栽植成活。

（一）苗木选择

在非适宜季节种树,需要选择合适的苗木才能提高成活率。选择苗木时,应从以下几方面入手:选移植过的树木或假植的苗木,其新生的细根都集中在根苑部位,树木再移植时所受影响较小,在非适宜季节中栽植的成活率较高;选土球最大的苗木,其土球应比正常情况下大一些,土球越大,根系越完整,栽植越易成功;如果是裸根的苗木,也要求尽可能带有心土,并且所留的根要长,细根要多;注意使用小苗和盆栽苗木下地栽种,提高成活率。

（二）修剪整形

对选用的苗木,栽植之前应当进行一定程度的修剪整形,以保证苗木顺利成活。修剪整形的对象有裸根苗木和带土球苗木。

1. 裸根苗木修剪 栽植之前,应对其根部进行整理,剪掉断根、枯根、烂根,短截无细根的主根,还应对树冠进行修剪,一般要剪掉全部枝叶的1/3～1/2,使树冠的蒸腾作用面积大大减小。

2. 带土球苗木的修剪 带土球的苗木不用进行根部修剪,只对树冠修剪即可。修剪时,可连枝带叶剪掉树冠的1/3～1/2,也可在剪掉枯枝、病虫枝以后,将全树的每一个叶片都剪截1/2～2/3,以大大减少叶面积的办法来降低全树的水分蒸腾总量。

（三）栽植技术处理

为了确保栽植成活,经过修剪的树苗应马上栽植。如果运输距离较远,在根菊处要用湿草,塑料薄膜等加以包扎和保湿。栽植时间最好在上午11时之前或下午16时以后;在冬季则只要避开最严寒的日子即可。种植穴要按一般的技术规程挖掘,穴底要施基肥并铺设细土垫层,种植土应疏松肥沃,把树苗根部的包扎物除去,在种植穴内将树苗立正栽好,填土后稍稍向上提一提,再压实土壤并继续填土至穴顶,最后在树苗周围设置拦水的围堰。树苗栽好后要立即灌水,注意不要损坏土围堰。土围堰中要灌满水,让水慢慢浸下到种植穴内。

（四）苗木管理与养护

由于是在不适宜的季节中栽植,因此,苗木栽好后就更需要强化养护管理。同时,要注意浇水。浇水要掌握"不干不浇,浇则浇透"的原则,还要经常对地面和树苗叶面喷洒清水,增加空气湿度,降低植物蒸腾作用。在炎热的夏天,应对树苗进行遮阴,避免强阳光直射,绿化管理的基本内容有:

（1）园林绿地设计和营造。

（2）建设施工中的质量监督和竣工验收由园林部门负责。

（3）日常养护和管理由物业管理企业负责,同时也可接受园林绿化部门的技术业务指导、监督与检查。或者由物业公司负责招聘,在社会上聘请专业的绿化服务公司代管。

（4）物业公司应设置专门的部门和专人负责此项工作,还应有1～2名技术员,负责专业技术指导,对绿化工人做技术培训和住户技术咨询服务。

五、居住区绿化管理规定

物业环境,特别是对居民小区的绿化管理确实有很大的管理难度,物业公司除了做好日常养护,还要争取广大住户共同维持绿化环境。因此,物业公司要采取多种形式向广大住户,特别是少年儿童进行宣传教育,并制定出相应的绿化管理规定,包括:

（1）人人有权利和义务管理和爱护花草树木。

（2）不攀折花木以及在树木上晾晒衣物。

（3）不损坏花木,保护设施及花坛。

（4）行人或车辆不得跨越、通过绿化地带,不碰坏绿篱栅栏。

（5）不往绿地倾倒污水或投仍杂物。

（6）不在绿化范围内堆放物品车辆。

（7）不在树木上及绿化带内设置广告牌。

（8）人为造成花木及保护设施损坏的,根据有关主管部门规定,进行处罚,若儿童所为由家长负责支付罚款。

课后阅读参考材料

1.《城市绿化条例》

2. 天津市实施《绿化造林条例》办法

复 习 思 考 题

1. 园林绿化的作用有哪些方面？
2. 城市园林绿地有哪些类型？
3. 草坪如何进行养护和管理？
4. 居住区绿化管理应包括哪些方面？

第四章　环境卫生管理与服务

第一节　环境卫生管理与服务的基本知识

物业的环境指的是物业辖区内房屋周围明确征用、占用、租用的地域。物业的环境包括环境卫生管理、环境绿化管理、安全环境管理、消防管理等。本章节主要介绍的是物业的环境卫生管理与服务。

环卫管理是物业管理中一项经常性的管理服务工作,其目的是净化环境,给业主提供一个清洁宜人的工作、生活环境。良好的环境卫生不但可以保持物业区域容貌的整洁,而且对于减少疾病,促进身心健康十分有益。同时,对社区精神文明建设也有很重要的作用。

整洁的物业环境,需要有规范化的清扫保洁服务做保障。

一、环境卫生管理中清洁卫生的范围及方法

环境卫生管理中的清洁范围分为狭义和广义两类。狭义的范围是指,楼宇周围即物业辖区内的道路、空地、绿地等公共部位;楼宇上下空间的公共部位,即楼宇底层到顶层屋面,包括扶梯、电梯、大厅、裙房等。还包括物业辖区内的日常生活垃圾的收集、归类、袋装和清运。广义的范围是指物业环境周围"废气、噪声、污水"的处理,即"三废"处理。

（一）清洁卫生工作的基本要求

清洁卫生工作的基本要求是"五定",即"定人、定地点、定时间、定任务、定质量"。对上述范围的任何一个地方均应有专人负责清洁卫生,并明确清扫的具体内容、时间和质量要求。

物业区域道路的清洁标准可以参照建设部颁布的马路清扫质量标准:一是每天清扫两遍、全日清洁;二是达到"六不"、"六净",即:不见积水、不见积土、不见杂物、不漏收堆、不乱倒垃圾、和不见人畜粪;路面净、路沿净、人行道净、雨水口净、树坑墙根净、果皮箱净。

垃圾的清除必须及时,做到日产日清,建立合理的分类系统。如果采用垃圾道的方式,要保持垃圾道畅通。如采用在各楼道设垃圾桶或分发垃圾袋的方式,必须设专人负责,最后送到垃圾站或转运站。粪便一般纳入城市污水处理系统。

不同类型,不同档次的物业对楼宇内的公共部位清洁卫生的质量标准不同,物业管理企业应根据实际情况判定相应的清洁卫生标准、制定相应的管理制度。下面我们着重介绍大厦清洁的几种基本作业法。

（二）大厦清洁的几种方法

1. 手工作业

（1）推尘

推尘是用尘推（又叫"干式拖布"或"除尘拖布"）对各种高档地面,如大理石等地面的牵尘,操作简单省力,附着灰尘力强,可保持地面光亮,被广泛应用于大厦的日常保洁。

基本操作要求：

1）将极少量的牵尘油渗入拖布。

2）沿直线推尘，尘推不可离地。

3）尘推沾满尘土时，将尘推放在垃圾桶上用刷子刷净再使用，直到地面完全清洁为止。

4）尘推失去粘尘能力，要重新用尘推处理液处理，然后才可使用。

5）尘推用脏后，可用碱水洗净，干后重新喷上尘推处理液使用。

（2）擦拭

1）干擦：抹布一般是沾湿后作用，但有些表面如高档漆面、铜面、不锈钢面等不宜经常湿擦，可用干抹布擦拭。操作时，就像抚摸似地轻擦，以去除微细的灰尘。如果用力干擦，反而会产生静电，粘附灰尘。

2）水擦：在去除建筑材料及家具表面的灰尘、污垢时，广泛运用水擦或湿擦。湿抹布可将污垢溶于水中，去污除尘效果好。使用时，应经常洗涤用脏了的抹布，保持抹布清洁。另外，要注意抹布不可渍水过多。

3）抹布应选用柔软、吸水性强、较厚实的棉制毛巾。使用时将毛巾折 3 次，叠成 8 层，比手掌稍大，一面用脏再用另一面，不可用脏布反复擦拭，否则会损伤被擦物的表面。

4）擦拭一般家具的抹布、擦拭卫生间的抹布等，必须严格分别专用。

5）擦拭时应从左至右，先上后下，将被擦物全部均匀地擦遍，不要落下边角，不要漏擦。

6）有些污垢较厚一般抹布擦不掉，可用百洁布或刷子等特殊工具予以去除。

2. 机械操作

（1）擦地机　它主要用于硬性地面清洗或地面抛光，是大楼不可缺少的清洁设备之一。有单盘式和多盘式两种。

1）操作细则：

（a）装地刷与针盘，并使地刷与针盘按逆时针方向旋转。

（b）往水箱内注入清水和清洁剂，按比例兑水。

（c）插上电源，按下调节开关，将手柄杆调至适合自己的高度。

（d）从最靠电源插座的地方开始操作机器防止机器压过电线。

2）注意事项：

（a）工作时必须避免刷子接触电源线，以免电源线卷进刷子内。

（b）开动擦地机时，电源线要在操作者的背后。

（c）使用清洁剂时，注意不要让水弄湿马达。

（d）使用完毕，要注意安全，不要随便使手离开手柄，放开操纵杆，等机器完全停止后再切断电源，卸下地刷与针盘。

3）保养工作

（a）使用完毕，把机身及配件清理干净。

（b）用干净布擦净机器、电线、将电线绕回机挂钩，机器必须存放在干燥地方。

（2）吸尘机　它是用于地面、地毯、墙面等比较平整部位吸尘的专用设备，是清洁工作中常用的设备之一。

1）操作细则：

（a）把软管接驳在机身，插入 220V 电源。

(b) 开动时按顶上的开关按钮。

(c) 吸硬地面时,把吸嘴毛伸出,吸地毯时毛刷伸入吸嘴内。

2)注意事项:

(a) 使用前,检查机内尘袋是否已清尘。

(b) 使用后,检查尘袋,如满尘需倒尘,用另一吸尘机吸去机内及尘袋外微尘。

(c) 干性吸尘机,切勿把水分吸入机内。

3)保养工作:

(a) 使用完毕后切断电源,取下软管和管夹头,将绕好的电线挂于机身外壳。

(b) 将软管松开卷成一圈,或挂在墙上。

(3) 吸水机 它专用于清除积水,有单用吸水机和吸尘吸水两用机,其构造原理与吸尘器相同。

1)操作细则:

(a) 把软管接驳在机身,插入 220V 电源。

(b) 吸地面时用带软胶的吸扒,吸地毯时用铁扒吸水。

(c) 吸水机如果满水时,会发出不同的响声。

2)注意事项:

(a) 使用前,检查机内是否已倒水。

(b) 使用后,倒掉污水后用清水冲刷,用干布抹净。

(c) 如机内吸入酸性清洁剂,用后即刻清洗干净以免生锈。

3)保养工作:

(a) 机器使用后切断电源,卸下软管和管把,然后将电线绕好挂于机头壳。

(b) 吸水机内过滤器要拆开进行清洁。

(c) 机身不锈钢壳用保养蜡进行保养。

(4) 高速抛光机 它专用于地面抛光,其构造原理与擦地机相同。它通过高速旋转,使毛刷盘与地面进行软磨擦,达到抛光效果,适用于大理石、花岗石、木质地板等各种平整硬质地面的抛光。

1)操作细则:

(a) 抛光前需干擦以除去地坪表面废物,并湿擦以除去砂石屑。

(b) 检查抛光机的抛光刷是否干净、需要更换。

(c) 检查调节机速的控制器是否在正常机速的位置。

(d) 接通电源,操作应从电源插座最近地方开始,行走路线为一直线,后面抛光的地面应重叠于前面已抛光的地面。

2)注意事项:

(a) 在工作时不要机速开得太快,以免碰撞。

(b) 不可用易燃的液体来洗地板,或者在易爆的空气中操作机器。

(c) 操作机器时,不可抬起操作杆,这会导致机器失控。

(d) 机器必须放在室内,不可淋到雨和雪,绝不可以使机器顶端喷到任何液体。

(e) 不可在机器上压东西,因为它有一个精密的平衡,当操作需移动操作杆时,必须移动全部电线。

（f）地线必须和开关盒、马达相连，接错将导致触电、休克。

3）保养工作：

（a）每次使用后，需用干净布擦清机器表面，不用时用一只不用的抛光垫放在驱动盘下面，并断开机器。

（b）检查马达罩上的通气口是否畅通，如灰尘聚积较多，必须卸下马达外壳并用吸尘器除去灰尘。

（5）吹干机　又称吹风机，主要用于地毯清洁吹干或地面打蜡后吹干。

1）操作细则：

（a）首先移去室内的所有家具，掀开地毯一角。

（b）调整出风口位置，正对地毯或地坪，确保内罩网罩不被封住。

（c）把接有地线的插头插入电源插座并打开开关，风扇吹出的空气通过地毯的上面和下面加速干燥过程。

（d）当干燥或梳理地毯时，必须不断调整风扇的方向。

2）注意事项：

（a）不要放在水中操作机器。

（b）当机器的格栅与网罩受损时，不要操作机器。

（c）不可在机器开放的外部插入任何物件。

（d）人身各部位及衣服必须离开机身放的外部及运转部位。

（e）机器开启时必须有人在场，机器不用时必须切断电源，必须先关机器再拨去插头。

（f）不可在易燃易爆的环境中操作机器。

3）保养工作：

需定期润滑轴承架并清洁内置网罩与出风口格栅。

（6）高压水枪　它主要用于冲洗外墙、玻璃、广场地面、汽车、塑料地毯等。用途较广泛。它利用马达加压，使水枪喷射出高压水流，冲洗物体表面。

1）操作细则：

（a）把水管接驳在机身，然后把水管接在水龙头上，插入220V电源。

（b）开动机身电源开关。

（c）冲洗计划好的地方。

2）注意事项：

（a）使用前检查机器及水管是否损坏。

（b）使用后必须将水管水放净。

二、常用清洁剂和杀虫剂的使用

（一）常用清洁剂

1. 全能清洁剂

（1）呈靛蓝色，可用来擦洗瓷砖、不锈钢、大理石、花岗石等，能清除顽固油渍与污垢。

（2）使用时，将清洁剂按1：30（或1：40）的比例稀释，如遇较难清洁的表面或污渍太厚时，可用1：20的比例，增强清洁效果。

（3）使用后必须用清水冲洗

2．玻璃清洁剂

（1）呈浅蓝色，能清除玻璃上的油渍与污垢。

（2）按1：30（或1：40）的比例稀释。

（3）使用后免用清水冲洗，在玻璃表面会留下一层保护膜，有防污作用。

3．不锈钢光亮剂

（1）呈乳白色，能清除不锈钢上的污渍和锈斑。

（2）使用时不需稀释，先将光亮剂均匀地擦在不锈钢表面，再用棉布把光亮剂擦净。

（3）使用后免用清水冲洗，令不锈钢更光泽，并在表面形成保护膜，有防污作用。

4．去蜡水

（1）呈无色、透明，彻底清除地板、地坪的旧蜡、顽渍，以便重新上蜡。

（2）按1：30（或1：40）稀释。

（3）使用后要用清水冲洗。

5．面蜡

（1）乳白色、去污力强，能保护地板及水磨石地，令地面更为光洁明亮。

（2）直接使用，不需稀释，使用后免用清水冲洗。

6．封地蜡（底蜡）

呈乳白色，能牢牢粘附地面，在地面表面形成保护膜。

7．喷洁蜡

呈乳白色，喷少许在地面，配合高速抛光机，具有清洁地板污渍及被蜡翻新功能。

8．除臭剂

（1）呈无色、透明，能清除厕所内小便池、恭桶、下水道的异味。

（2）使用时不需稀释，将除臭剂直接倒入小便池、恭桶、下水道即可。

9．除渍剂

（1）呈浅蓝色，主要用于小便池、恭桶等有污渍和锈斑的地方。

（2）按1：30（或1：40）的比例稀释。

（3）使用后要用清水冲洗。

10．除垢剂

（1）呈浅蓝色和红色，能清除地面和墙面顽固污渍、油渍。

（2）按1：30（或1：40）的比例稀释。

（3）使用后要用清水冲洗。

11．静电除尘剂

（1）呈无色、透明的油状，能牵引尘埃污垢，使其依附在尘推上，彻底清洁地面。

（2）均匀地喷洒在尘推上，隔五分钟后才可使用。

12．碧丽珠

（1）主要用于清除各种木质家具、皮革、大理石等物体表面的污渍及灰尘。

（2）它含有较多的硅油和浓缩乳蜡，使用方便，有上光、去污、除尘、上蜡等功能，还有柠檬清香。

（二）常用杀虫剂的使用及灭治方法

1. 苍蝇的灭治

灭除苍蝇的杀虫剂有：

（1）敌百虫

（2）敌敌畏

（3）倍硫磷

（4）辛硫磷

（5）马拉硫磷

2. 蟑螂的灭治

蟑螂种类繁多,全世界有3500余种,我国已发现170多种,其中大部分生活在野外,只有少数几种栖居于人类室内。主要防治的措施如下。

（1）灭治原则：

1）发动群众统一行动,全面防治。

2）根据蟑螂生长季节,抓住有利时机防治,如在繁殖期（4、5月）突击灭治,可起到很好的控制作用,并大大减少蟑螂的生长密度。

（2）药物灭治法：

1）敌百虫毒饵:将敌百虫毒饵或毒粉每10g一堆,放于蟑螂栖息活动场所。连放3天,可获96％以上杀灭率。尤以粒状毒饵效果最佳。

2）林丹粉剂:24％林丹粉剂撒于蟑螂栖息活动场地,但须注意严防污染食物和食具。

3. 鼠的灭治方法

（1）驱鼠

在有些场合,应用驱鼠剂有积极的作用。如在电缆或通讯线路上涂以驱鼠剂的保护漆,可避免鼠咬。常用药物有:放线菌酮。

（2）毒饵灭鼠

将毒物加入食物、水、粉或草中,使鼠食入致死的灭鼠方法,称为毒饵灭鼠。毒饵灭鼠优点是:效率较高、使用简便、较经济、一般毒饵（如磷化锌）每千克不超过1元,可处理几百个鼠洞。缺点是:可误食中毒;具有选择性、拒食性、耐苗性;需耗费一些粮食。

4. 白蚁的灭治方法

（1）药物灭治法

药物包括粉剂和液剂两类。常用的粉剂药物有70％灭蚁灵和70％的三氧化二砷（药剂灭治首先要抓住施药的有利时机,选择好施药点,在纷飞孔、受害严重处施药,施药要深、散、匀,将药物均匀而广泛地喷施在危害物的最里层。粉剂灭治是利用白蚁互相喂舐的习性,当少量白蚁沾染了药剂后,会逐渐传播到整个群体。达到大量灭治的目的。液剂无传递性,使用时必须接近地面的木构件全面施药。用粉剂灭治后,用液剂全面防治、能消灭残存的白蚁和预防飞出的有翅成虫。

（2）挖巢法

严冬季节白蚁基本集中在巢内,可采用挖巢法消灭。该法优点是简便,不需药物;缺点是易损坏建筑构件,残留的白蚁发展成新的群体。

（3）诱杀法

选择白蚁爱吃的食物,如风木、玉米秆、甘蔗等为诱饵,安排一个或几个诱使它来危害的场所,当白蚁被诱集很多时,用药物或其他方法(如开水浸烫、高温或高频微波)进行歼灭。一般采用的诱集方法有:诱集坑、诱集箱、诱集桩。

对于不允许进行破坏性检查和施药的房物建筑采用此法,但这种方法要反复多次和坚持很长时间才能奏效。

5. 药液配制喷洒的安全事项

(1)药液配制与喷洒人员要掌握配制药物的作用和毒理,药害性质,作业前必须穿戴好必须的劳动防护装备。

(2)药液配制与喷洒须注意安全,严禁酒后作业。

(3)配制作业时必须面对下风向。

(4)配制药物,开启药瓶塑密封塞必须借用工具,严格禁止使用裸露手指开启。

(5)喷洒作业必须"侧向面对下风向,由下风向上风向进行作业"。

(6)喷洒作业必须注意进行方向的地形地物,谨慎细微地安全作业。

(7)体弱多病,皮肤病和其他疾病尚未恢复健康者,皮肤外伤未愈合者不准配制药物和喷洒作业。

(8)日喷连续作业时间不得超过6小时,连续4次后必须停休1天。

(9)作业时间内,不准吸烟、饮食;不得用被药液污染的手擦嘴,眼睛和脸。作业结束后脱去防护用品,并洗手、脸和裸露皮肤,每个喷洒周期结束后,工作服、口罩须清洗后方可继续使用。

(10)作业时发现头痛、恶心、头昏、呕吐等症状,必须立即离开现场,脱去污染的衣服,漱口、擦洗手脸和裸露皮肤,并及时送医院诊治。

(11)药机灌装药液时,不得加装过满,以免背负作业时晃动外溢污染衣服、皮肤。

(12)作业结束后,清洗器械,不得在天然水域内进行,清洗污水选择安全地点倾倒(严禁倒入下水道或天然水域)处理。

(13)药物空瓶回收统一处理,在回收前将药液倒尽,用清水洗涤,洗液倒入配药桶利用。

(14)药物必须专人保管,并做用药登记。

(15)严禁在炎夏高温的中午进行配药、喷洒作业。

(16)配药、喷洒人员每年一次体格检查。

综上所述,要想使所管项目的环境卫生达到一个理想的标准状态,需要物业管理工作者不懈地努力,除了要搞好公共部位的清洁卫生,还要注意对虫害、鼠害的灭治,使居住在物业辖区内居民的身心健康,生活环境达到良好的标准真正做到让业主及使用人满意。

三、环境卫生设施

环境卫生设施不仅是为了保持环境卫生的需要,也能反映出物业辖区内的景观特点。

卫生箱在公共环境中起着小型垃圾箱的作用,主要设置于行人停留时间较长且易于产生丢弃物的场所。

常见的卫生箱有独立式和附设式两种,主要由铁皮、铸铁、水泥、塑料、釉陶等材料制成。在造型处理、安放位置上不可过分突出抢目,要给人以洁净和一定艺术性。为了便于人们利用和管理,卫生箱的设置应尽量靠近步行道路、休息座位和贩卖亭点。箱体有一定的密封性、箱内装有可以抽拉的套体或可更换的塑料袋,周围地面应平整密实,以便促进卫生箱的功效。

烟灰皿是卫生箱的搭档,主要设置于休息场所和讲求清洁的地段前沿,与休息坐椅比较靠近。它们高度一般在 60~70cm,外壳通常用铁皮、铝合金、搪瓷等光洁硬质材料制作,内装可以抽拉的套体。具有造型简洁、密封性较强等特点。

垃圾箱是存取垃圾弃物的大型设施,主要有箱式、桶式两种,还有斗式、罐式、窖式等其他种类。由于物业辖区内各种环境的垃圾主要成分、数量、垃圾站场地状况,取运垃圾车辆的机械设备等条件不同,而决定垃圾箱的种类。为达到结实耐用、便于冲洗的目的,常用材料是铁板、铸铁、硬质塑料、玻璃钢等,表面涂上低明底色彩。在设置时,除考虑垃圾箱体的密封性之外,还需要注意主导风向、地面材料的密实、地面的排水坡度和排水设施、垃圾站的位置和遮蔽性及与人行及车辆道路的关系等。在许多发达国家,已经采用专人开启的分类式垃圾箱,以便于垃圾的工业处理。

四、环境卫生管理的操作程序及标准

(一)室外场地

1. 操作程序

(1)清扫地面的灰尘和垃圾。

(2)每星期进行两次大面积的冲洗(星期天的 7:30 前),冲洗后及时扫干净,保证无积水。

(3)不停地循环地清扫,保持地面无灰尘、无垃圾、无烟蒂。

(4)所有垃圾集中到总垃圾箱里。

(5)保持室外场地的各类标牌、栏杆、墙面、灯座的清洁。

(6)保持室外场地的上、下水道干净、通畅。

2. 卫生标准

(1)地面保持清洁、光亮、无污迹、无水渍、无脚印。

(2)走道四角及踢脚板保持干净、无垃圾。

(3)烟灰缸保持清洁、无污痕、烟蒂不得超过 6 个。

(4)楼地面垃圾间内垃圾箱堆放整齐,公共部位垃圾箱内应套有垃圾袋,四周无散积垃圾,无异味。

(5)走道及墙面等公共部位的各项设施,如门框、通风口、路灯等保持干净、无积灰。

(6)安全扶梯台阶保持清洁、无污物、无垃圾;扶手上保持光亮、无积灰。

(7)设有电梯间的部位,电梯梯门光洁、明亮、轿箱及四壁、地面应干净、整洁。

(8)室外场地的地面,应做到无垃圾、无灰尘、无烟蒂、无纸屑、使人感到清洁、舒适。

(二)停车场地

1. 操作程序

(1)定期清除停车场地的灰尘、纸屑、垃圾。

(2)将墙面及所有箱柜和器具上的灰尘掸掉。

(3)及时清除停车场地进出口的垃圾,以避免下水道堵塞。

(4)经常查看停车场地内的卫生状况,不允许在场地内堆放物品及垃圾。

(5)经常用湿拖把拖去灰尘,保持场地清洁。

2. 卫生标准

(1)保持停车场地道路畅通,无堆积垃圾及物品。

（2）保持地面无灰尘、无垃圾。

（3）保持停车场地内空气流畅、无异味、无毒味，定期喷洒药水。

（三）室内大堂

1. 操作程序

（1）以夜间操作为原则，白天进行日常保洁。

（2）夜间定期对大堂进行彻底清洁、抛光，定期上蜡。操作时，上蜡区域应有示意牌或围栏绳，以防行人滑跤。

（3）日常保洁要求每天对地面尘推数次，大堂内其他部位如玻璃、柱面、墙面、台面、栏杆等要经常清洁，保持光亮、明净。

（4）操作过程中，根据实际情况，适当避开客人和客人聚集的区域，待客人离散后，再予以补做；客人进出频繁和容易脏污的区域，要重点拖擦，并增加拖擦次数。

（5）遇有下雪或下雨天，在大堂出入口处放单踏垫，铺防湿地毯，并树立"小心防滑"的告示牌并增加拖擦次数，以防客人滑跤及将污水带入楼内。

2. 卫生标准

（1）保持地面无脚印、无污渍、无烟蒂、无痰迹、无垃圾。

（2）其他部位，如墙面、栏杆、灯座等，保持光亮、清洁、无灰尘。

（3）玻璃大门无手印及灰尘，保持干净、光亮、完好无损。

（四）电梯、扶梯及电梯厅

1. 操作程序

（1）每日夜间对电梯厅及扶梯、电梯内的墙面、地面进行全面的擦拭、清扫。如梯门、轿厢四壁、天花板、照明灯具以及地毯吸尘。

（2）白天对电梯厅等进行循环保洁，保持电梯、扶梯及部位干净、整洁。

（3）夜间定期对电梯等部位进行清洁、保养，包括对电梯门壁进行打蜡上光。

（4）每天早上换一次地毯，必要时可增加更换次数。

2. 卫生标准

（1）地面保持光洁、光亮，无污迹、无水印、脚印。

（2）走廊四角及踢脚板保持干净、无污渍。

（3）墙面、地面、灯具保持干净、无积灰。

（4）安全扶梯台阶保持清洁、无污物，栏杆上保持光亮、无污迹。

（5）电梯梯门光洁、光亮，轿箱及四壁干净、整洁。

（五）公共部位的卫生间

1. 操作程序

（1）先用清洁剂清洗小便池，并喷除臭剂。

（2）按顺序擦拭面盒、水龙头、台面、镜面。

（3）墙面要用清洁剂清洁。

（4）地面要用拖把拖干，保持地面干燥、干净。

（5）配备好卷筒纸及洗手液。

（6）检查皂液器、烘手器等设备的完好情况。

（7）喷洒适量空气清新剂，保持卫生间内空气清新、无异味。

（8）清洁完毕后，检查是否有遗漏，不要遗忘清洁工具。

2．卫生标准

（1）卫生洁具做到清洁、无水迹、无头发、无异味。

（2）墙面四角保持干燥、无蛛网，地面无脚印、无杂物。

（3）镜面、玻璃保持明净，无灰尘、无污、无手印、无水迹。

（4）金属器具保持光亮、无浮灰、无水迹、无锈斑。

（5）卫生用品齐全，无破损。

（6）保持卫生间内空气清新。

（六）玻璃及不锈钢

1．操作程序

（1）工作前，准备好所有工具，如刮窗器、沾水毛刷、玻璃清洁剂、水桶、揩布等。

（2）用蘸水毛刷将稀释后的清洁剂搅匀，来回涂在玻璃表面，用刮窗器按 45°从上到下，从左至右，及时将水刮下，最后用揩布把四周及地下的水迹揩干。

（3）如遇玻璃表面较脏，则在进行第二步操作前，先用水涂在玻璃上，用刀片轻轻地刮去表面污垢。

（4）不锈钢应用绒布揩，并用不锈钢光亮剂定期上光。

2．卫生标准

（1）玻璃无灰尘，无水迹，保持干净、光亮。

（2）玻璃上的污斑、手印应及时清除，保持清洁。

（3）爱护清洁工具，注意保养，不得用损坏的工具擦洗玻璃。

（4）不锈钢表面无灰尘，无水迹，无污迹，无手印。

（七）地毯清洁和地面打蜡

1．地面干洗（湿洗）操作程序

（1）地毯干洗：

1）准备机械，包括刷地机、刷盘、吸尘器、加压式喷雾器、长把刷、局部防污工具以及粉末清洁精、预先处理剂等。

2）清理作业区域的碍事物品，进行吸尘作业。

3）用地毯清洁剂清除地毯污迹，如有油污多的地方，要先喷洒预先处理剂，使油污溶解。

4）在准备作业区域内均匀地布洒粉末清洁精，每平方米洒量为 100g 左右（大约手捧一把）。为防止粉末干燥，一次布洒面积以 10m² 为好。

5）在刷地机上装好刷盘，按机器使用要领进行操作，依次从里到外对地毯进行刷洗。

6）用机器刷完后，待粉末干燥后再回收（30 分钟左右）。

7）用长把刷把进行纤维内的粉末刷出，再用吸尘器将粉末回收。

8）作业结束后，确认作业效果，收拾机器工具。

用此方法，不会使地毯因潮湿而引起收缩。

（2）地毯湿洗：

1）准备机械器材，包括地毯清洗机、刷盘、吸尘器、加压式喷雾器、长把刷、局部除污工具、防污垫布以及地毯清洗剂、预先处理剂等。

2）清理作业区域内碍事物品,进行吸尘作业。

3）用地毯清洁剂清除地毯污迹,地毯上如有油污要先喷洒予先处理剂,使油污溶解。

4）使用地毯清洁自动喷水、搓洗、吸水、吸泡,从里到外清洁地毯,不要留下空档。

5）用起毛刷刷起并理顺地毯绒毛。

6）用吹风机送风干燥,或自然晾干,自然晾干 6 小时后方可走动,故此操作应放在夜间进行。

7）作业结束后,确认作业效果,将机器工具洗净、揩干、有效。

此方法适用于地毯污脏严重,需全面清洗的情况。

2. 地面打蜡

地面打蜡主要是对大理石、木质地板等地坪最主要的清洁保养手段,它可以使地面光亮和减轻磨损,一般情况下应 1～2 个月打蜡保养一次,每天抛光一次。

操作程序如下:

（1）准备好抛光机、吸水器、去蜡面蜡、底蜡、刷地机、清洁剂等。

（2）打蜡前将需要打蜡的区域,清理干净。

（3）地面先吸尘,将去蜡水稀释(1：30)后,用拖布均匀地涂在地面上,用机器擦洗、吸干。

（4）用百洁刷磨擦地面,要全部磨到,使原来大理石表面的蜡质全部溶解。

（5）用吸水器吸干地面,再用清水洗两次,并吸干,拖干净,使地面光亮、清洁、无污迹。

（6）待地面干后将底蜡用蜡拖均匀地涂在地面上,纵横各一次,等地面干后,再打 1～2 次底蜡,并用抛光机抛光。

（7）最后上一次面蜡,并用抛光机抛光。

（8）检查工作质量,合格后收拾工具,清洗干净,做好记录。

五、垃圾的收集及处理

垃圾的收集及处理是住宅小区及商贸楼宇清洁服务的重要项目,如果垃圾收集处理不当,不仅影响物业的环境美观,还会产生臭味,滋生细菌、蚊蝇、害虫,严重污染工作和生活环境,影响人们的身心健康。

世界上许多发达国家在垃圾处理方面,已实行垃圾袋装化,这也将成为一种趋势,逐步实行起来。现就大厦垃圾收集为例介绍处理方法:

（一）垃圾的存放

在楼宇的各个场所分别放置垃圾筒、垃圾箱、字纸篓等存放垃圾的容器。应做到:

（1）按垃圾种类和性质配备存放垃圾的容器。

（2）按垃圾的产生量布置场所的合适位置。

（3）存放容器要易存放、易清倒、易清洗。

（4）存放垃圾容器的周围环境要保持清洁。

（二）垃圾收集清运的操作程序

（1）及时清运所有楼地面上的所有垃圾,选择适宜的时间,使用货运电梯清运。

（2）不准将垃圾散落在地面上、楼梯上。

（3）要常冲洗垃圾存放地,不得产生异味、飞虫。

（三）卫生标准

（1）无堆积垃圾。

（2）垃圾做到日产日清。

（3）所有垃圾集中堆放在指定地点。

（4）垃圾堆放点应定期喷洒药水，防止发生虫害。

（5）按要求做好垃圾袋装化。

六、外墙清洗

按照不同的墙体材料和外墙不同的清洗周期要求，作为环境卫生的管理人员，应掌握和了解一些外墙情况的一般知识。

（一）清洗条件

1. 气候条件

由于外墙情况一般是在室外高空中进行，危险性大，因此，应注意清洗的气候条件。一般情况下，风力应小于四级，尤其是高空风力。此外如果下雨、下雪、下雾及高温（35℃以上）气候条件，均不宜进行外墙的清洗。

2. 人员条件

外墙清洗的清洁工人，必须身体条件要好，心理素质好。无心脏病、血压高等症，严格进行定期体验，并须经过专门培训、取得高空作业证书，并在证书有效期内，持证上岗。

（二）清洗方式

目前，外墙清洗的方式主要有两种：

1. 擦窗机

擦窗机也叫作室外吊篮，通过吊篮上、下、左、右移动，达到情况的目的。吊篮内有电话，可以与外界随时联络，比较安全，是今后高楼外墙清洗的发展趋势。

2. 吊板

吊板是由悬挂支架、大绳（直径16mm），吊板和安全带、安全滑动锁组成。它将清洁工吊到工作位置上进行外墙清洗。使用这种清洗方式，危险较大，因此，要求各项安全措施到位，避免危险事故的发生。

（三）擦窗机的操作程序

1. 操作程序

（1）准备工作：查看清洁现场，确定工作方案。

（2）现场测风力，是否符合工作条件。

（3）检查擦窗机性能，工作位置地面设好围栏，安全告示牌，由安全员现场监督。

（4）准备清洗工具。

（5）两名操作人员携带清洗工具和用品进入吊篮，系好安全带。

2. 安全操作规程

（1）作业者必须是年满18岁男性公民，经过专门技术培训，经考试合格后持证上岗。

（2）作业者必须是经过定期体验，确认身体合格者。

（3）作业者在工作前及工作期间，不准喝酒、嬉笑，更不准吊篮内打闹或投掷物品。

（4）作业期间必须穿工作服，戴安全帽及手套，系好安全带（包括室内活窗内的清洁人员）。

（5）作业者如遇身体不适，不得参加高空作业。

（6）作业前应将现场由专门人员进行安全检查，确定安全后方可工作。

（7）作业前对屋面结构悬挂装置的连接件、紧固件、牵引绳等进行检查，确认无隐患后，方可作业。

（8）在吊篮作业中，严禁修理或移动吊篮悬挂机构及制动器等。

（9）在移动屋面某部分结构时，吊篮中严禁站人，在吊篮跨越障碍移动中，必须用缆绳稳定吊篮以防止碰撞到其他地方。

（10）严禁用吊篮作垂直运输工作，更不能超负荷。

（11）在吊篮工作时要设法使吊篮稳定，以防大的晃动。

（12）注意电器部件的防护，雨天应停止作业。

（13）指挥人员必须集中精力从事专项指挥工作，不得兼做其他工作。

（14）爱护设备及工具，提升机每24小时注油并检查一次。悬挂钢丝绳每工作56小时全面检查一次，提升机制动器每日检查一次。

（15）作业后，将一切设备及工具及行保养，按指定位置集中放置。

（16）作业后应将吊篮停放或悬挂在安全地点，并上好安全锁，防止损坏。

第二节　环境卫生的保洁管理与服务

在物业环境中，整洁法所带来的舒适和优美，是一个十分重要的评估指标，具有视觉上的直观性，由此引起心理上的直接感受。因此，整洁是居住区文明的第一象征，也是物业管理水平的重要标志。整洁的物业卫生环境，靠的是优秀的常规性清扫保洁管理与服务。

一、保洁管理与服务涵义

保洁管理与服务是指物业管理公司通过日常清扫、宣传、监督工作，维护物业环境，防治物业污染，定时、定点、定人进行日常生活垃圾的收集，处理和清运。通过清、扫、擦、拭、抹等专业性操作，维护公共地方和公共部位的清洁卫生。从而塑造文明形象，创造环境效益。

保洁工作的基础是完备的环卫设备设施、保洁工的细致、艰苦的劳动。保洁工作的难点是人们"脏、乱、差"的不好习惯。

二、保洁管理的实施原则

（一）扫防结合，以扫促防

"扫"是指清扫，"防"是指防治。搞好卫生，首先要清扫干净，要保持下去就要靠防治，通过管理服务，影响纠正业主和使用人的卫生习惯，防止脏乱差现象发生。要在居委会和业主委员会的组织配合下，开展社会主义精神文明建设活动，提高业主使用人基本素质、基本行为。

（二）依法管理，热情服务

我国与保洁管理有关的法律法规有《中国环境保护法》，建设部发的《城市生活垃圾管理办法》，《城市环境卫生设施设置标准》89.3.25建设部发文，《城市市容和环境卫生管理条例》国务院92.6，《城市新建住宅小区管理办法》，以及与上述文件相配套的地方性实施细则。物业管理公司根据法律法规有关条款制定所管物业的管理规定。经物业辖区的业主大会讨论通过，管理规定具备了法律效力，成为业主、使用人必须遵守的形为准则。物业公司以管理规定为依据，维护小区物业环境卫生。

三、保洁管理的职责范围

（一）物业辖区内楼外的道路

空地、绿化等所有公共部位。

（二）物业辖区楼宇内的全部楼道

它包括楼梯、电梯内、过道、天台等公共部位。

（三）物业辖区范围内日常生活垃圾的收集、清运

四、保洁管理的制度建设

保洁管理满意度，是规范物业公司日常保洁工作的规定，它是保洁工作人员的行为准则。因此保洁制度的贯彻，是保洁管理工作能否取得成效的保证。保洁制度应包含四部分内容。

（1）保洁要求。保洁业务的工作流程和保洁人员的岗位责任。

（2）保洁要达到的标准。

（3）保洁工作的时间安排

（4）保洁工作的检查。

五、保洁管理的配套措施

为了创造整洁，卫生优美、舒适的物业环境，物业公司应当采取的方法有：

（一）配套必要的硬件设施

根据保洁工作的实际需要，配备相应的卫生洁具。比如垃圾箱、垃圾桶、垃圾车，垃圾袋等。

（二）做好卫生保洁工作的宣传

利用各种宣传形式，向业主和使用人进行宣传。

（三）经济处罚

根据国家有关规定，用业主行为准则来限制各种不法行为，将违约行为纳入处罚性条例，在业主委员会、居委会配合下，请求国家有关行政主管部门对违约行为进行经济处罚。

六、保洁管理机构设置及职责划分

保洁管理一般不设专门的部门负责。而是由公司管理部负责。如果公司规模很大，也可能单独设立保洁部。保洁部根据保洁业务情况再分成不同小组。如：楼内组、外墙组、公共部位组。人员职责划分如下：

（一）部门经理的职责

（1）在公司经理的直接领导下，负责保洁工作的组织、落实工作。

（2）随时检查督促保洁工作的完成情况，保证保洁工作的质量。

（3）在物业辖区内巡查，及时解决卫生死角。

（4）拓展保洁服务业务领域，为公司创收。

（二）技术员的职责

（1）协助经理制定清扫保洁突查。

（2）指导保洁人员正确使用专用清洁设备。

（3）定时检查和保养清洁用具和机械设备。

（4）检查保洁区域的卫生状况。

（三）领班

（1）在保洁主管的领导下，组织保洁员做好保洁工作。

（2）负责员工考勤工作，及时调整人员，合理安排工作。

（3）检查下属人员保洁工作的质量。

（4）编制用工用料计划，降低人工成本控制。

（四）保洁员

（1）遵守《员工守则》，服从领班安排。

（2）严格执行保洁工作操作规程，认真负责地完成职责范围内的工作。

（五）保管员

（1）严格遵守《员工守则》。

（2）做好仓库安全、保洁工作。随时检查存放货物状况，有问题及时处理。

（3）负责物品的收发工作，严格按照规定把好出库入库关口。及时做好库存盘点工作和物资采购计划。

七、垃圾管理系统

（一）垃圾道管理

20世纪90年代以前建立的平元式住宅楼在墙体里都设置了垃圾道，作为倾倒生活垃圾的通道。垃圾道给楼上的居民提供了方便，同时垃圾道的存在又给清洁工作带来了难题。因此在接管验收时，就应认真检查垃圾道各个部位，看有无垃圾斗、出垃圾门开启不灵便、缺少零件，少刷漆等现象。垃圾门应作为检查中的重点部位，垃圾门大小要适当，过小不便掏挖垃圾，过大垃圾倾倒时灰尘容易飞扬，出垃圾的坡度是否适当，也关系到垃圾通道能否保持畅通。垃圾门关闭时的密封程度是否良好，也会影响到周围的环境卫生。检查垃圾通道时还应注意通道墙体上有无施工时留下的裸露的钢筋头，一定要尽力清除，避免其成为日后使用过程中的养护工作。

（1）指定专人负责垃圾清运，保持垃圾道通畅。

（2）搬运重物时要注意保护好垃圾道，避免碰撞，平时不要用重物敲击垃圾道。

（3）不要往垃圾道中倾倒体积较大或长度较长的垃圾。

（4）垃圾道出现堵塞时应尽快组织人员疏通，否则越堵越严，疏通起来更加费时费力。

（5）垃圾斗、出垃圾门每两年应重新油漆一遍，防止锈蚀，延长其寿命，降低维修费用。

（6）垃圾道出现小的破损要及时用水泥砂浆或混凝土修补，防止其扩大。

另外，还要加强安全使用宣传，不要向垃圾通道内倾倒没有完全熄灭的燃烧物，以免造成火灾。

要注意卫生防疫工作，定期喷洒消毒药品，防止蚊蝇，老鼠等虫害滋生，预防传染疾病流行。

（二）垃圾分类管理

垃圾分类处理需要一套完整有效的管理系统，才能实现经济、环保的目的。为此垃圾管理部门要建立一套方案，全面地解决垃圾收集和处理的全部问题。

首先，管理部门要取得用户的认同，愿意配合管理部门共同作好这项工作。因此要求用户个人具备这样的素质，以及存在这种社会氛围，管理者和居民能够紧密配合。

其次，管理部门要准备好分类收集的各种用具。包括各种规格的收集桶、收集袋、垃圾箱、垃圾车。

最后,制定科学合理的分类收集方法和程序。

全部过程分为收集过程和清除过程。收集过程是将垃圾由用户外送到垃圾站,清除过程是将垃圾作初步处理后运送到垃圾物。实现垃圾分类处理成功于否的关键环节在于垃圾的分类收集。收集过程可采用多种方法,一是划分垃圾类别,分为可回收垃圾与不可回收垃圾,如塑料瓶、玻璃瓶、铝罐等属于可回收垃圾,单独收集;泡沫塑料盒、塑料袋等属于不可回收垃圾;按干净的程度分类别。用户要严格地按照分类要求将垃圾投放到标明分类用途的垃圾回收容器中,管理人员将各个用户投放的垃圾逐级集中送至垃圾站。第二种方法是规定特种垃圾收集日期,比如废弃的旧家具、旧电器等,必须到规定的日期才可以抛弃。

八、公共卫生保洁服务的内容

(一)居住区清扫保洁工作的内容要求

清扫保洁工作应制定出每日工作、每周工作、每月工作的计划安排,以便实施和检查。

1. 每日清洁工作的内容

(1)管辖区域内道路(含人行道)清扫两次,应该整天保洁;

(2)管辖区域内绿化带,如草地、花木灌丛、建筑小品等清扫一次;

(3)各楼宇电梯间地板拖洗两次,围身板清抹一次;

(4)各楼宇各层楼梯及走廊清扫一次,楼梯扶手清擦一次;

(5)清除垃圾桶内垃圾,收集住户(使用人)生活垃圾。

2. 每周清扫工作

(1)每周拖洗各层公共走廊一次(主要指高层楼宇,可一天拖数层,一周内保证各层拖洗一遍);

(2)业主信箱清擦一次;

(3)每周对小区内的雕塑、园林小品打扫一次,保持其美观、清洁。

3. 每月清洁工作

(1)天花板尘灰和蜘蛛网清除一次;

(2)各层走道公用玻璃窗擦试一次(每天擦几层,一个月内保证各层公用玻璃擦试一遍);

(3)公共走廊及住宅区内路灯罩清擦一次。

(二)写字楼卫生清洁服务的内容和要求(表 4-1)

写字楼卫生清洁服务的内容和要求   表 4-1

清洁范围	清 洁 内 容	清洁要求	备 注
（一）公共区域清洁	1. 清扫电梯间地毯	每日 1 次	
	2. 清扫电梯间四壁	每日 1 次	
	3. 清洁立式烟灰盅,灭火器	每日 1 次	
	4. 清扫空调口,楼道壁纸	每日 1 次	
	5. 清扫各种标牌、楼梯扶手、玻璃门、大厅地面	每日 1 次	
（二）办公区域清洁	1. 清洁所有办公室	每日 1 次	
	2. 擦净家具上尘土包括烟灰盅、空台、空调口	每日 1 次	
	3. 会议桌、老板桌打蜡	每日 1 次	
	4. 地毯吸尘	每日 1 次	

清洁范围	清洁内容	清洁要求	备注
（三）卫生间	1. 擦、冲及洗净所有洗手间设备	每日2次	
	2. 补齐卫生纸、垃圾袋、洗手液	每日2次	
	3. 擦净洗手间内梳妆镜	每日2次	
	4. 擦净地台面	每日2次	
	5. 清理卫生桶脏物	每日2次	
（四）消防通道			
（五）其他			

（三）商厦清洁服务的内容及要求（表4-2）

商厦清洁服务的内容及要求　　　　　　　　　　　表4-2

清洁范围	清洁内容	清洁要求	备注
（一）商场总体服务	1. 清理商场内所有垃圾	每天4次	
	2. 收集及清理所有垃圾箱、烟灰盅及花槽内的垃圾	每天4次	
	3. 清洁垃圾箱、烟花盅及花槽内外表面	每天4次	
	4. 清洁所有告示牌、橱窗及指示牌	每天2次	
	5. 清洁所有花盆及植物	每天2次	
	6. 清洁所有出口大厅	每天4次	
	7. 清除所有手印及污渍，包括楼梯、墙壁	每天2次	
	8. 清洁所有扶手、栏杆及玻璃表面	每天4次	
	9. 清洁所有通风窗口	每天2次	
	10. 打扫空调风口百叶及照明灯片	每天2次	
	11. 拖擦地台表面，包括花岗石（大理石）等	每周2次	
	12. 清洁所有房间、储物室、办公室等	每周1次	
	13. 全部地台表面打蜡	每月1次	
	14. 擦净积聚尘埃	每月2次	
	15. 清洁所有楼梯、走廊、窗口	每周1次	
	16. 所有柜台、货架清抹	每天1次	
（二）扶手电梯	1. 擦净扶手带表面及两旁安全板	每天4次	
	2. 踏脚板、梯级表面吸尘	每天2次	
	3. 扶手带及两旁安全板表面打蜡	每周1次	
（三）男女卫生间	1. 擦净所有门	每天1次	
	2. 擦、冲及洗净所有洗手间设备	每天4次	
	3. 擦净所有洗手间内镜面	每天4次	

清洁范围	清洁内容	清洁要求	备注
（三）男女卫生间	4. 擦净地台表面	每天4次	
	5. 顶棚及照明设备表面除尘	每天2次	
	6. 擦净抽气扇	每月2次	
	7. 更换卫生纸、毛巾、肥皂及清洁液	每天2次	
	8. 清理卫生桶脏物	每天2次	

第三节　居住区水环境的管理与服务

水在人类社会经济、生活中的作用受到了人们日益提高的重视。如何合理地利用水源，也成为全社会普遍关注的问题。在居住区的建设中，建设部和相关部门相对水利用提出了严格要求。为了有效利用水资源，改善小区水环境和生态环境，必须制定小区合理用水规划，总的原则是：低质、低用，高质、高用。但在一些新建小区中，普遍采用了分质供水技术，建立了分质供水系统。

分质供水系统是指按不同水质供给不同用途的供水方式。绿色生态住宅小区的室内给水系统应该设三条不同的管网：第一条为直饮水管道，输送洁净的饮用水；第二条为自来水管理，主要用于洗涤蔬菜、衣物及洗浴等；第三条为中水管道，输送经小区中水设施净化处理的循环水，主要用于冲洗卫生间便器、环境卫生清洗等。

一、管道直接饮用水系统

近几年来，生态住宅理念已逐渐融入了中国百姓的居住理念。生态住宅成为 21 世纪最理想的家园，成为住宅建设的趋势。管道直接饮用水系统是为了满足人在饮用水方面的健康要求，是生态小区的一种时尚标志。在建设部于 2001 年制定的《绿色生态住宅小区建设要点与技术导则》，提出了关于管道直接饮用水系统的要求。

（一）管道直接饮用水方式的现实意义

满足了人们在饮用水对健康影响问题上的重视。随着人们的生活水平的提高，环保和自我保健意识的增强，消费者对饮用水的水质提出了更高的要求。人们饮水不仅仅要求解渴，还对水的营养保健功能有了进一步的要求。且勿说饮用水水源所受到的不同程度的污染。就目前传统的自来水处理设施及工艺不可能彻底去除水中所含有的微量有机污染物。而采用的氯消毒方式本身就含产生对人体健康不利的副产物——卤代烃类物质。此外，自来水在输配过程中的二次污染也有存在水质恶化的可能。管道直饮水就是为了满足人们饮用水的安全问题，提高饮用水的高品质要求应运而生。

（二）管道直饮分质供水系统

1. 管道直饮水系统

日常生活中用于烹饪、饮用的水量只占城市供水量的 0.5％～2％，因此可以将饮用水单独进行净化处理、专用管道输送。这样可以在住宅小区的自来水供水系统基础上设置两套供水系统。其中管道直饮水系统是指将自来水经过深度处理后达到《饮用净水水质标准》（CJ 94—99）规定的水质指标，通过独立封闭的循环管网，供给居民直接饮用的供水系统。

2. 管道直饮水系统组成

小区的管道直饮水系统通常包括水源、深度净化水站、直饮水供水管网等部分,系统流程如图 4-1 所示。

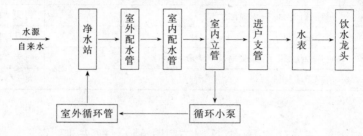

图 4-1 管道直饮水系统循环图

其中深度净化水站(简称净水站)内设有深度净水设备、加压设备和贮水设备。深度净水设备通常包括前期预处理设备、主要处理设备和后期消毒设备。前期预处理是根据城镇自来水水质情况而设置的措施。可采用粗滤、活性炭吸附和精滤等技术,通过预处理可使水质满足后续深度净化设备的净水要求。主要处理设备是净化水站的核心设备,对采用膜分离技术(微滤、超滤、纳滤和反渗透)。为确保水质安全常使用紫外线消毒设备和臭氧消毒设备。加压设备一般采用变频供水设备,通过管网向千家万户输送直饮水。净水站包括原水调节水池(原水贮水罐)用来贮存城镇自来水;直饮水贮水罐用来贮存直饮水。

直饮水供水管网由室内外配水管网及循环回水管网和循环泵组成。配水管网是用来将直饮水输送到各用水点,用水点的数量应根据需要来确定,通常做法是在住宅每户的厨房安装一直饮水水龙头。循环泵和循环回水管道的主要功能是收集配水管网中未能及时使用的直饮水,将其送回净化水站,重新消毒处理,其目的是不至于在直饮水用量小或夜间无用水时滞留在管道中成为死水,确保管网中直饮水的水质始终安全、卫生、可靠。

此外,为确保直饮水水质及整个工艺的正常运行,应设置系统监测与自动控制系统;对采用远传水表收取水费的直饮水系统,还应有相应的抄表计费系统。

3. 管道直饮水系统卫生标准 饮用水与健康问题日益受到全世界广泛的重视。目前国际公认的健康饮用水标准 1)不含对人体有害、有毒及有异味的物质。2)水的硬度适中。3)人体所需矿物质含量适中 4)水中溶解氧及二氧化碳含量适中 5)pH 值呈弱碱性 6)水分子团小。

国内为规范管道直饮水水质,建设部颁布《饮用净水水质标准》(CJ 94—1999)并与 2000 年 3 月 1 日起实施。该标准共 39 项,系根据《生活饮用水卫生标准》(GB 5749—85)正在报批的修订稿和中国城镇供水协会《城市供水行业 2000 年技术进步发展规划》提出的一类水要求达到的 88 项水质目标而指定的。

(三)管道直饮水系统防治污染的措施

(1)优质管材和配件 材料应具有良好的卫生性能,在常温下管材中的成分不能溶于直饮水中。

(2)严禁管道直饮水系统与其他水系统的管道串接。

(3)整个供水管网应布置成等程式循环管路,并且采用压力传感器或电磁阀根据管网内压力调节循环流量,使主干管内多余的水回流至净水站,以始终保持水的新鲜、优质。

（4）整个系统必须采用全封闭的方式供水，应尽量采用变频调速供水设备或气压供水装置直接供水，避免由屋顶水箱引起的二次污染。

（5）水力强制冲洗对去除管道内壁的结垢物是一种简单可行的办法，故在管网设计中应留出冲洗的进出口，通过安装的阀门控制，定期对管网进行水力冲洗，达到强制冲洗的目的。

（6）管道安装时应加强施工管理，提高管内的清洁度和管道接口的质量，避免施工不当，使滞留在管内的沉积物引起二次污染。

二、居住区中水供水系统

为了有效利用水资源，改善小区水环境和生态环境，在一些设计档次较高的住宅小区中，采用了中水技术。即将水质污染较轻的生活泼水经过处理，达到规定的水质标准后，在一定的范围内重新利用。这种水称做中水。中水技术 20 世纪 80 年代提出，20 世纪 90 年代实施，现在开始实现。

（一）中水的水源

住宅小区中水水源的选择要依据经济技术比较来确定。应优先选择水量充裕稳定、污染物浓度低、水质处理难度小、安全且居民易接受的中水水源。住宅小区中水可选择的水源有：住宅小区内建筑物杂排水；城市污水处理厂出水；相对洁净的工业排水；小区生活污水或市政排水；建筑小区内的雨水；可利用的天然水体（河、塘、湖、海水等）。

（二）中水原水水质与中水水质标准

中水原水水质与中水水质标准

中水原水水质应以实测资料为准，在无实测资料时，各类建筑物各种排水的污染浓度可参照《建筑中水设计规范》（CECS 30—91）确定。

当中水用于冲厕、道路清扫保洁、绿化、消火栓消防、洗车时，其水质标准应符合《生活杂用水水质标准》（CJ 25.1—89），此外，在该标准基础上修订的《城市杂用水水质标准》也即将成为国家标准，现已进入审批阶段。当用作物、蔬菜浇灌用水、空调系统冷却水和采暖系统补水等其他用途时，其水质应达到相应使用要求的水质标准。对于多种用途的中水水质标准应按最高要求确定。

（三）中水系统设置的要求

1. 中水系统应有一定的规模，比如在国家住宅与居住环境工程中心制定的《健康住宅建设技术要点》（2001 年版）中规定：规模达到 5 万 m² 的住宅小区应设置中水（复用水）系统，中水系统的规模原则上以中水成本价不大于自来水系统。

2. 中水供水系统必须独立设置，严禁中水进入生活饮用水给水系统。

3. 中水用水量计算按《建筑给水排水设计规范》（GBJ 15—88，1997 年版）中有关规定执行。

4. 建筑中水供水系统管道水力计算按《建筑给水排水设计规范》（GBJ 15—88，1997 年版）中给水部分执行，建筑小区中水供水系统管道水力计算按居住小区给水排水设计的有关规定执行。

5. 中水供水管道宜采用承压的塑料管、复合管和其他给水管材，不得采用非镀锌钢管。

6. 中水贮存池（箱）宜采用耐腐蚀、易清垢的材料制作。钢板池（箱）内壁应采取防腐处理。

7. 中水供水系统上,应根据使用要求安装计量装置。

8. 中水管道上一般不得装设取水龙头。当装有取水龙头时,应采取严格的防护措施。

9. 中水管道外壁应涂浅绿色标志;水池(箱)、阀门、水表及给水栓均应有明显的"中水"标志。

10. 充分注意中水处理给建筑环境带来的臭味和噪声的危害,对处理站中构筑物产生的臭味和机电设备所产生的噪声和振动应采取有效的除臭、降噪和减振措施。

11. 选用定型设备,尤其是一体化设备时,应注意其功能和技术指标,确保出水水质。

(四)中水供水系统

分质供排水系统示意图如图4-2所示。

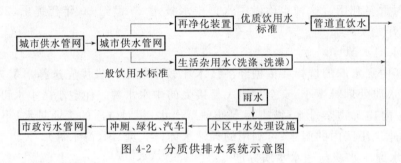

图4-2 分质供排水系统示意图

三、居住区景观水域的净化

随着生活水平的提高,人们对住宅的选择不仅仅限于房屋本身。人们对住宅周边环境的要求越来越高。各种以水景为重要景观的住宅小区纷纷登场亮相,其中绝大部人是人工建造的各种水体景观,如人工湖,水池、喷泉等。

居住区的水体是创造良好景观环境的最重要手段之一,同时水体也具有良好的生态功能,如水可净化空气、调节温度、降低能耗,对改善小气候起着重要的作用。在住区环境建设中要让开放的水面作为生态系统的一个重要组成部分发挥其重要的生态功能,需要作好防止地表水污染、促进水质化工作。

2003年第六届《上海优秀住宅评选》在全部参评作品中,采用水景观的作品比率达到80%。这一比率足见开发商对于购房者亲水、近水要求的一个反映。一般水深设计在40~70cm。因此居住区水景观的维护,将是物业管理部门的一个重要课题。如何降低成本,搞好水处理,既是一个技术问题,又是一个经济问题。

(一)景观用水的水质要求

水景一般水体体积很大,对补充水的需求量大,如果采用自来水补充成本太高,因此较适宜小区周边有可利用的天然水源,且该水源能达到景观用水标准时采用,景观用水标准参见《地表水环境质量标准》"GHZB 1—1999"。在技术条件允许的情况下,也可采用中水回或雨水回收作为补充水源。

水质应达到《再生水回用于景观水体的水质标准》(CJ/T 95—2000)和《景观娱乐用水水质标准》(GB 12941—91),并且为了保护水生动物、避免藻类繁殖,应该清澈、无毒、无臭,不含致病菌。为此,当再生污水用做景观用水时,需要进行脱氯以及去除营养物的处理。

(二)水景水质污染原因

小区水景的水质污染主要是有机污染,如水景周围绿地腐殖质和肥料随雨水等地面径流进入景观水体,在水里养鱼等产生的有机残余物等。

小区水景的水质通常呈富营养化,有机物、N、P 的浓度都很高。研究表明,当水中总磷浓度超过 0.015mg/L,氮浓度超过 0.3mg/L 时,在适宜的温度和光照条件下,藻类便会大量繁殖,使水质腐败并发臭,从而成为水质恶化的首要原因。

（三）实现水体净化的方法

1. 利用水体自净能力

自然水体作为一个独立生态系统,对污染具有一定的抗制力。经验表明,当水面超过 1000m² 以上,水深超过 1.5m 时,很可能依靠自净能力来防止水体腐败变质。水体的几何形状也与水体净化能力有关,最好是方形成圆形。阳光对水面的照射,对水面的吹拂都有利于净化。

2. 促进水循环

保持水体中的一定的溶解氧是保持水质的一个重要条件。可以采用机械装置促进水体循环流动,与愤泉、瀑布、跌水水景相连,实现水体充氧。

3. 定期换水

定期换水是保持景观水质的最基本方法之一。通过定期换水降抵有害物质的浓度。对于较大水面的景观水体来说,通常采取部分换水或补水的方法来延缓水体变质。

4. 爆气法

指的是向水中补充氧气,保证水质生物生命活动及微生物氧化分解有机物所需的氧量,防止水中溶解氧的急剧下降,水体长时间处于严重缺氧状态。

5. 综合处理法

这是物理处理与生物或化学处理方法相结合的方法。

物理处理一般采用机械方法对水体过滤,化学方法则是向水投放化学药物,进行杀菌或者灭藻;生物处理技术,则是利用微生物来摄取水中的有机污染物、植物营养物,从而抑制藻类繁殖,使水体净化。

课后阅读参考材料

1.《城市市容和环境卫生管理条例》
2.《城市生活垃圾管理办法》

复习思考题

1. 简述清洁卫生工作的基本要求。
2. 简述公共卫生保洁服务的内容。

第五章 车辆道路管理与服务

第一节 物业区域内的道路布置原理

居住区道路划分并联系居住区内的各个小区,它与城市道路共同组成道路网络。规模较大的居住区,居住区道路要通行公共交通路,给居民出行提供便利。

居住区道路人、车分行,车行道路宽度为 10～12m,人行道分设两侧,各设一条 2～3m 的人行道。居住区道路交通流量大,噪声和污染植树会对两侧建筑使用者产生直接的危害,通过植树建立绿化带起到阻隔的作用。居住区道路汽车通行量平时还是很大的,故道路横断面采用"一块板",路中间不设隔离带,机动车与非机动车混行。在居住区道路路面宽度内,即使两辆汽车同时对开,两边还可以通行各两排自行车。在上班高峰时间,自行车还可以占用汽车道。绿化带种植在人行道边上,起到人车分离的效果。

小区主路划分并联系住宅组团,同时还与小区的公共建筑、小区绿地相联。为了防止汽车穿越小区,小区主路通常采取各种曲折型折线,避免车辆穿跃。小区主路的车行道宽度为 6～9m,足够两辆汽车并行使用,或者是一辆汽车与 2～3 排自行车。小区主路的横断面也采取"一块板",只是为了节约用地,人行道可以只设一侧。

小区次路是从主路分出来通向住宅组团内部的道路。车行道宽度为 3～5m,相当一辆汽车与一辆自行车并行的宽度。组团入口处应当设置门岗或路栅,防止外来车辆随意进入组团。次路可以不设人行道。

小区小路,即宅间通道,但也够一辆车宽度,设置为 2.5～3m。可以直达单元门前。平时只供自行车或步行。由于平时不过车辆,车行道与人行道可混合使用。

一、居住区道路的布置原则与方法

（一）居住区规划设计规范的内容

城市居住区设计规范的国家标准提出居住区道路规划,应遵循的八项原则为:

1. 根据地形、气候、用地规模、用地四周的环境条件,城市交通系统以及居民的出行方式,应选择经济、便捷的道路系统和道路断面形式;

2. 小区内应避免过境车辆的穿行,道路通而不畅、避免往返迂回,并适于消防车、救护车、商店货车等的通行;

3. 有利于居住区内各类用地的划分和有机联系,以及建筑物布置的多样化;

4. 当公共交通线路引入居住区级道路时,应减少交通噪声对居民的干扰;

5. 在地震烈度不低于 6°的地区应考虑防灾救灾的要求;

6. 满足居住区的日照通风和地下工程管线的埋设要求;

7. 城市旧区改建,其道路系统应充分考虑原有道路特点,保留和利用有历史文化价值的街道;

8. 应便于居民汽车的通行,同时保证行人、骑车人的安全便利。

(二) 居住区道路规划原则的实现方法

1. 经济便捷原则

节省在途路径,节约行走时间是人们外出出行的要求。在居住区道路布置,组团的出入口,及小区的出入口设置时应加以考虑,尽量给以便利,照顾人们抄近路的心理。经济便捷原则会给管理上带来麻烦。这方面的实例是很多的。比如,从组团上居住区的路要绕道行走,人们就会翻跨围栏走近路,甚至拆毁封堵围墙。小区的出入口尽量靠近公交车站,给人们出行提供便利;组团留有两个出入口,其中一个要靠近居住区主路。随着购车家庭的增多,停车场的位置的选择,对这些家庭的影响较大,这关系到他们要寄停走多远。停车场设置在小区边缘,有可能给车主带来不便、停车场设置在小区内,也可能会引起噪声污染和交通不安全的隐患。因此在道路设置时,综合考虑,在一些最新的居住区设计中,已经体现了这一点。比如小区建地下停车场,车库直接到楼门口,减少行走路程,再有限制车辆进入组团,但又要兼顾紧急时的需要,因此设末端式道路,使得救护车、购物货车、消防车能够最大限度接近住宅,而无关车辆又不会进入。规范中规定居住区内尽端式道路的长度不宜大于120m,并应在尽端设不小于 12m×12m 的回车场地。

2. 安全便利

安全在此指人身生命家庭财产免受伤害和损失。安全便利也应作为道路设置的重要原则。小区主路连接居住区道路与组团。主路一般实行人车分流,应充分保障行人单独设立人行道入口,主路设减速带降低车辆行驶速度,小区主路不穿过组团,限制外来车辆进入组团,减少了进入组团的机动车数量,同时还要照顾到老年人、儿童活动的需要,规定在居住区内公共活动中心,应设置为残疾人通行的无障碍通道。通行轮椅车的坡道宽度不应小于2.5m,纵坡不应大于 2.5%。

同时还要兼顾紧急情况的需要,满足进入组团的道路,既应方便居民出行和利于消防车、救护车的通行,又应维护院落的完整性和利于治安保卫。

3. 顺而不穿,通而不畅

对于居民区的道路布置,一方面居民希望能顺利进入城市道路,另一方面又不愿意无关车辆进入居民区,干扰他们的居住安静,影响他们的安全。对必须进入的车辆要迫使它们不得不降低速度。

这个原则通过居住区具体的设计和管理来实现。居住区 4 级道路,主次分明,顺序连接。小区主路经过组团又不穿越组团,居住区路虽然有公交路线,但它是公交车的始端或末端。所以城市道路不穿越居住区,居住小区道路不穿越组团。同时外来车辆的进入要经过居住小区、居住组团二道门岗,有效地阻止外来车辆的驶入。

4. 交通噪声控制

交通噪声来源于居住区内外的道路。当然离道路越近的住宅所受干扰越大。噪声影响了居民的休息,破坏了居民的安静生活环境。

(1) 居住区内部交通噪声的防治 通过控制机动车进入居住区内部来减少噪声来源。

1) 车辆不进入小区。停车场设在小区外。

2) 车辆进入小区,但为尽端路。外来车辆不会无端进入。

3) 小区主路不直通。道路曲折,车辆进入的速度降了,噪声随之下降。

（2）居住区外部交通噪声的防治　居住区外部交通噪声主要对小区临居住区主干道一侧建筑物或组团内临小区主路一侧建筑物有很大影响。

5. 噪声控制的方法

（1）沿道路植树，形成绿化带，起到隔声的作用。对于组团内面临区小路一侧的建筑来说，通过绿化带隔声能起到一些隔声的作用，实际当中往往还要与保持建筑物与道路距离的办法，同时并用。

居住区内道路边缘至建筑物、构筑物的最小距离，应符合表 5-1 的规定。

道路边缘至建、构筑物最小距离（m）   表 5-1

道路级别与建、构筑物关系			居住区道路	小区路	组团路及宅间小路
建筑物面向道路	无出入口	高层	5.0	3.0	2.0
		多层	3.0	3.0	2.0
	有出入口		—	5.0	2.5
建筑物山墙面向道路	高层		4.0	2.0	1.5
	多层		2.0	2.0	1.5
围墙面向道路			1.5	1.5	1.5

注：居住区道路的边缘指红线；小区路、组团路及宅间小路的边缘指路面边线。当小区路设有人行便道时，其道路边缘指便道边线。

（2）沿街布置公共建筑　居住区道路两侧的建筑物，从噪声影响的角度，临街的一侧用作非住宅用房，也可以低层作非住宅，楼上受影响较小的作住宅使用。

（3）控制噪声声源。

限制噪声干扰大的车辆驶入居住区。如拖拉机应在限制之列。限制车辆鸣笛声。

6. 形成各类用地的有机联系

小区空间可以划分成 3 个不同层次。

（1）半公共空间　进入居住区后的主路，小区主路公共绿地平分公共空间。

（2）组团内庭院是半私有空间。

（3）居室内是私有空间。

按照上述领域划分，居住小区内，居住小区主路分隔一侧是组团，学校、医院、公共活动中心在主路另一侧，半公共空间。这样同一小区居民共享公用设施。又不需要进入组团半私人空间。

组团内，小区小路通向各小住宅。建筑之间是绿地、庭园，各类用地功能明确，满足人们各种不同需要，道路把这些用地分成不同的功能区，同时又把各种功能联系在一起，为全体居民服务。这种住宅组团结构能够使居民有较强的领域感、安全感和归属感。

7. 防灾救灾

道路的设置也要把发生灾难的情况考虑进来，道路的走向要使于小区与主路的联系，出入口宽度、道路宽度，要符合小区人口情况和设计要求。

居住区内道路设置，应符合下列规定：

小区内主要道路至少应有两个出入口；居住区内主要道路至少应有两个方向与外围道路相连；机动车道对外出入口间距不应小于 150m。沿街建筑物长度超过 150m 时，应设不小于 4m×4m 的消防车通道。人行出口间距不宜超过 80m,当建筑物长度超过 80m 时,应在底层加设人行通道。

8. 日照通风

住宅的日照是由住宅的布置决定其走向,蜿蜒曲折、纵横交错。如表 5-2 所示,冬至日 1h 满窗日照为最低标准,这个标准只能算是一个经济标准或政策标准,算不上已生标准。

住宅日照标准应符合表规定,对于特定情况还应符合下列规定:

(1) 老年人居住建筑不应低于冬至日照 2h 的标准;

(2) 在原设计建筑外增加任何设施不应使相邻住宅原有日照标准降低;

(3) 旧区改建的项目内新建住宅日照标准可酌情降低,但不应低于大寒日日照 1h 的标准。

住宅建筑日照标准   表 5-2

建筑气候区划	Ⅰ、Ⅱ、Ⅲ、Ⅶ气候区		Ⅳ气候区		Ⅴ、Ⅵ气候区
	大城市	中小城市	大城市	中小城市	
日照标准日	大寒日				冬至日
日照时数(h)	≥3		≥2		≥1
有效日照时间带(h)	8~16				9~15
日照时间计算起点	底层窗台面				

住宅区通风的状况与道路的设置有直接联系。成片建筑群本身产生挡风作用,宽阔的道路形成通风沿通风廊道流向各个住宅组团,然后从组团内庭院空间分流到住宅。这叫做导流法。

9. 历史文化价值

具有历史文化价值的街道,存在一个保护历史文物的作用。关键是文化价值的确定,如何评估。

充分考虑老人、儿童的休闲游要求,与会所串联,塑造小区独特的空间环境景观,并且将老人活动场所的布置与儿童游戏有机结合,并方便居民的使用。

小区公共绿地、公共服务设施、道路、居住建筑设计、建设要充分考虑残疾人、老幼群体的行动方便、安全,应设置"无障碍通道"等设施并提高普及率。

第二节　停车场及道路交通基本设施

停车场及道路交通基本设施是物业管理企业管理与服务的重要内容。

一、停车设施

1. 住宅区机动车停车位问题的产生

这里讲的机动车专指汽车而言。中国进入关贸以后,汽车业面临即将而来的严峻挑战。国内厂商有备而战。竞相推出适合家庭使用的价廉物美的款式,从而激发了人们潜在的购车欲望。加之全国各地大城市交通建设正在逐步得到整治,交通环境得到改善,机关企事业单位公用车私有化改革正在悄然进行、逐步推广。家庭轿车普及化的进程迅速扩展。置车就要开车,开车还要停车。而汽车由于体积大,必须要有安全的、专门的停放地点,即汽车车位,而在我们现在的较大多数居民区当中,并没有足够的预留车位。因此产生了车位短缺,这就是我们所说的机动车停车位问题。

2. 停车位的问题产生的原因

(1)家庭轿车普及化进度加速与原有规范配套指标的相对落后和有车辆拥有率的快速增长是导致车位短缺的直接原因。20世纪90年代中期之前开发的住宅区车位供需矛盾已经很突出了。这说明在我国大城市、沿海地区城市中,城市居住区规划设计规范的居民汽车场、库配套指标已不能满足居民的需要。因此一些经济水平发展快的城市中,对本地区的居住区建设配套设施按照地方较高标准执行。

2000年小康型城市示范小区规划设计原则要求,在经济发达以及东南沿海地区,住宅区小车停车位数量不少于住户数的30%。

上海市2003年上海新建住宅小区环境建设原则中,提出小区内机动车场、车库的设置应做到设置标准不低于平均0.55辆/户,使用上还要考虑与环境美观相结合。

(2)停车设施造价高与停车费收入低 停车设施造价高与停车费收入低是形成车位短缺的经济作用。对于投资者来说,停车设施上的投资要通过车位出租或出售来收回。而实际上很难做到。一方面由于定价低,停车场是面向本区业主服务的,价格自然要优惠。再者不优惠业主也不买账。另一方面虽然车位不能满足全部车辆存放,而实际上车场的车位常常还有空缺。由于方方面面地原因,有些车主自己找位置停车。所以无论出租还是出售车位,都缺乏足够的投资价值,开发商自然投资的积极性不高。但是也不能不搞,按照建筑规范的要求必须要有。对于车位问题,消费者不在意、开发商不乐意,停车车位普遍数量不足。车位短缺问题出现后,大多数也难以改善。因为要解决车位短缺问题,只有修建新的停车设施,往往要建地下停车场,这是一笔大的投资,开发商不愿出,业主也不会出。

(3)车位需求的不平衡 居民区停车率的高低与物业的档次有关。一般物业的档次与停车率成正比,高档物业停车率高,低档物业停车率低。有钱买高档房子往往标志着收入高,收入高购车的机会就高。

居民区车位的远期需求与近期需求不平衡。随着居民区内人口构成、收入水平的变化,居民不同时期的车位需求,随之产生变化。

上述因素对车位需求的影响是很难预先估测的,居民车辆拥有的情况至少要在房屋销售当中,或入住后才能基本掌握,而居民私人汽车拥有率的发展趋势,更难预料。

(4)组织管理失误 管理者对停泊位置的规划安排考虑欠缺,组织不当造成停泊位置不合理、停泊秩序混乱,使用不便等矛盾。

二、停车场设施的建设

按照《城市居住区规划设计规范》2003年国家标准的要求,居住区内配套设置居民汽车停车场,停车率要符合下列规定:

1. 国家规范标准

(1)内容:

1)居民汽车停车率不应小于10%;

2)居住区内地面停车率(居住区内居民汽车的停车数量与居住户数的比率)不宜超过10%;

3）居民停车场、库的布置应方便居民使用，服务半径不宜大于150m；

4）居民停车场、库的布置应留有必要的发展余地。

（2）停车率的计算公式：

1）指居住区内居民汽车的停车位数与居住户数的比例（%）

$$停车率 = \frac{车位数量}{居民户数}$$

2）地面停车率：

居民汽车的地面停车位数与居住户数的比率（%）

$$地面停车率 = \frac{地面停车位数量}{居民户数}$$

（3）停车位计算单位的标准。停车场车位数的确定以小型汽车为标准当量表示，其他各型车辆的停车位，应按表相应的换算系数折算。

各型车辆停车位换算系数 表5-3

车　　型	换　算　系　数	车　　型	换　算　系　数
微型客、货汽车机动三轮车	0.7	中型客车、面包车、2～4t货运汽车	2.0
卧车、两吨以下货运汽车	1.0	铰接车	3.5

2. 含义

上述规范中的规定表明

（1）汽车车位设计的最低限，各地可以根据当地情况，提高设计标准；

（2）提高停车率标准要通过地下、空中的利用等途径来解决；

（3）停车场库设置不应远离住所；

（4）停车场、库的设置要着眼当前、兼顾长远。

国家《规范》的设计值具有普遍的指导意义，在全国各地居住区建设中，根据各自的实际情况，有很多做法。

3. 具体措施

（1）架空平台　有的小区楼宇高低错落相间，采用城上城的方法，两个低层楼宇之间架空连接，利用架空平台做为停车场。这种方式的特点，比较经济、成本低。

（2）业主的有机组合　将不同类型不同档次的房屋进行有机组合，使不同收入水平业主能共享同一空间，使城市人居环境均衡发展。这种方式可以降低居民汽车户均拥有率，从而缓解对于停车位需求的压力。

（3）分期建库　汽车家庭化的发展趋势，势在必然。但它是一个过程。它有待于家庭收入的提高、交通环境的改善、成本的降低、各部门利益的平衡，改革的调整。现在建车库把将来的需求都配足经济上不划算，有的方案提出预留两层横移式车库。满足现在需要、兼顾长远、减少投资风险、提高经济效益。车库名称叫做两层横移式车库。它在建造单层车库时，在泊位处留下一定预留空间，留做增设横移式车库时使用。

三、停车场类型

1. 车库

用来停放车量的封闭式专用建筑设施。车库一般采用出资形式,业主自己管理,独自使用。

2. 露天停车泊位

由物业管理部门在居民区空地上划分出的停车位置。停车泊位不设专人看管,物业管理部门不负保管责任。停车泊位可以采取专用形式、有偿使用、适当收费。存车费收入补贴物业费的不足部分。

3. 露天停车场

四周围护起来露天的停车场所,做停车使用的空地,用简单的材料,围圈起来,留下出入口,由专人看管、定时收费。

4. 地下停车场

高层建筑物地面以下修筑的专门用来停放车辆的场地。

地下停车场有一层也有多怪的。车辆由专门人员看管,出入要登记,有高水平的管理设施和专门的管理人员。

5. 半地下存车场

车场设在地下,又不完全在地面以下。地面上部分用做绿化。

四、停车场智能管理系统

停车场智能管理系统即用具有高技术含量的数字、计算机技术和相应的设备设施,实现对车辆的自动监控、识别和自动化管理。管理系统共分八部分:

(1) 车辆识别卡具有收发功能的封装卡片。它与读卡器配合工作。可以收发自读卡器的微弱信号。它是停车场停放车辆的"身份证"。具有惟一性,不易仿造。可置与车窗玻璃内。使用期十年。

(2) 读卡器读卡器可发出低功率信号,在 10～20cm 内接受识别卡返回的信号,并将信号反馈给控制器。

(3) 系统控制器控制器含有信号处理单元,他接受来自读卡器的卡号信息,并由主控制器与计算机相连交互数据。

(4) 计算机专用软件将控制器传来的车辆信息转换成管理数据,可利用数据库进行监察,进行发卡、计费与审计报表等自动化管理。

(5) 挡车器内部装有控制逻辑电路,受控制器的"指挥",紧急时刻可用手动控制。

(6) 岗位控制器与环路探测器。环路探测器、灯光报警装置连接,对车辆位置状态进行判断,给挡车器发出开关指令。

(7) 电子显示屏对车库运行状态进行直观反映。包括车位状况、收费标准等内容。

(8) 收款机自动接受并显示计算机传来的应收款、卡号等信息,并打印收费票据。

五、停车场智能化管理

智能化停车场的管理,理论上无需人员管理,根据车辆权限,系统自动开关车库门。

(1) 应将监控报警系统与管理系统相连,防止有人开车闯过出入口挡杆。系统会自动报警,保安人员可以及时采取相应措施。

(2) 车库内车位编号要鲜明,卡号与车位号相对应在发生车辆偷盗时,报警系统与摄像接口记录的摄像资料结合,为报警处理提供完整的资料。

(3) 入口处设有车位占用情况显示当持卡数量大于车为数时,通过标志灯显示车满状态。

（4）一卡一车车辆进入车库时，系统会自动关闭该卡入库权限，同时赋予该卡出库权限，从而可防止利用该卡重复进入；杜绝一卡多用。

（5）要求车主随身携带识别卡车主停车入库后，随身携带识别卡，可有效防止非法人员盗车后开出车库。还可以配备电视监视系统，随时监视车库情况，防止丢车、盗车、损坏设备等情况发生。

（6）通过系统控制计算机与整个区域通信网络相连通过网络在任何地方都可以查看车库情况。

六、停车场管理系统结构图

停车场管理系统结构图见图 5-1 所示。

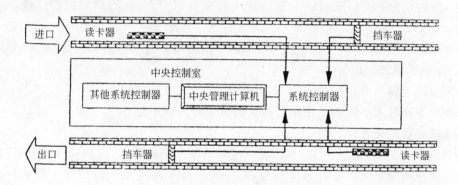

图 5-1　内部车库系统结构图

七、停车位无障碍设计

按照国家《城市道路和建筑物无障碍设计规范行业标准》（JGJ）50—2001、J 114—2001要求在设置停车车位时：

1. 距建筑入口及车库最近的停车位置应划为残疾人专用停车车位；

2. 残疾人停车车位的地面影平整、坚固和不积水，地面坡度不应大于 1∶50；

3. 停车车位的一侧应设宽度不小于 1.2m 的轮椅通道，应使乘轮椅者从轮椅通道一侧进入人行道直达建筑入口；

4. 停车位通道中心地面标有黄色无障碍标志。停车场入口处立有无障碍国际标志牌。

第三节　车辆道路管理与服务的工作程序

一、机动车管理

机动车管理包括门卫管理制度，机动车管理规不定期和停车场管理。

对机动车辆管理，目的是为了维护物业管理区域的秩序，创造一个安静、整洁的环境，保证道路和消防通道的畅通。

具体办法是：

（1）进出机动车坚持驶入验证制度外来车辆未经许可，不准进入，准予进入时要验证登记，离开时要查验。

（2）凡装有易燃、易爆、剧毒等危险品，或有污染、不卫生物品的车辆，严禁驶入居住区内。

（3）驶入居住区内的车辆，要减速行驶、不得鸣喇叭，如造成路面或公共设施损耗，按价赔偿。

（4）进入物业小区停放的车辆，要停放在指定地点，按规定收取停车费。

（5）长期停放在小区内的车辆，应办理"准停证"将车固定停放在指定地点，缴纳停车费。禁止占压消防通道或进入组团内停车。

（6）车辆管理员必须严格执行车辆出入规定，发现可疑情况及时报告，并认真做好交接班工作，固交接班不清而造成事故时，追究交接班双方责任。

二、摩托车、助动车和自行车管理

（1）小区内居民拥有的非机动车辆应放入存车处固定存放，缴纳管理费。或者放在指定位置。

（2）车辆进入车场，车辆保管员发放车牌号；车辆离开，交还车牌号，缺号、错号与车上号码不符，车辆不得离开保管区。

（3）无牌照车辆丢失，物业公司不负责赔偿。

（4）外来车辆进入小区必须按指定位置摆放或放入存车处。

三、停车场智能化管理

智能化停车场的管理，理论上无需人员管理，根据车辆权限，系统自动开关车库门。

（1）将监控报警系统与管理系统相连，防止有人开车闯过出入口挡杆。系统会自动报警，保安人员可以及时采取相应措施。

（2）库内车位编号要鲜明，卡号与车位号相对应在发生车辆偷盗时，报警系统与摄像接口记录的摄像资料结合，为报警处理提供完整的资料。

（3）入口处设有车位占用情况显示。当持卡数量大于现有车辆数时，通过标志灯显示车满状态。

（4）一卡一车车辆进入车库时，系统会自动关闭该卡入库权限，同时赋予该卡出库权限，从而可防止利用该卡重复进入；杜绝一卡多用。

（5）要求车主随身携带识别卡车主停车入库后，随身携带识别卡，可有效防止非法人员盗车后开出车库。还可以配备电视监视系统，随时监视车库情况，防止丢车、盗车、损坏设备等情况发生。

（6）通过系统控制计算机与整个区域通信网络相连，通过网络在任何地方都可以查看车库情况。

课后阅读参考材料

1.《城市道路设计规范》
2.《天津市城市道路管理条例》

复习思考题

1. 简述居住区道路布置原则与方法。
2. 简述噪声控制的方法。

第六章　物业公共区域内公共秩序的维护

按照美国著名心理学家马斯洛的著名需求理论分析,人的需求分为五个层次,生理——安全——友爱——尊重——自我实现,当人们的吃、穿、睡、住这些生理需求满足后,人的第一个需求就是安全。"十万买屋,百万买邻",其中"邻"就是指这一地区的人文环境、地理环境、社会环境。在实际的物业管理工作中,综合环境管理中的一个主要内容就是公共区域内的公共秩序,因为所有产权人和使用人都希望住进一个安全、舒适的环境中去,因此,物业管理者在综合环境管理中,也应把"安全第一"放在首位。本着"预防为主、防患未然"的原则,从实际出发,做好安全防范工作。

在实际工作中,安全问题不仅是物业管理公司的责任,产权人和使用人也有责任和义务从自己本身做起,杜绝一些不安全因素,协助物业管理公司把小区的安全工作做好。

不安全因素分为两类:一类属于人为破坏、另一类是意外灾害。无论事故的发生属于哪种情况,在管理中大都应采取预防为主的原则,应防患于未然。另外,一旦预防未能奏效,偶然发生了事故,则应尽快设法消灭灾害,制止灾害蔓延。如果情况比较严重,已无法控制,应迅速组织撤离事故现场。

第一节　概　　述

根据《物业管理条例》第三十六条规定:物业管理企业应当按照物业服务合同的约定,提供相应的服务。物业管理企业未能履行物业服务合同的约定,导致业主人身、财产安全受到损害的,应当依法承担相应的法律责任。由此可知,物业管理中的安全防范是一种群防群治的安全防范服务,如果物业管理区域内发生了刑事犯罪,物业管理企业是否应承担责任,应该具体问题具体分析。

一、公共秩序管理与服务的意义

物业管理安全保卫的对象是房屋建筑、附属设备和公共设施。但是物业管理又是以人为本,业主与使用人的生命与财产安全是最基本、最基础的物业管理要求。试想一下,如果一个物业管理公司连业主或使用人的生命财产安全,都不能提供切实保证,那么还管什么物业呢?安全防范工作的主要目标是通过现行的科学技术手段与管理手段,依靠各种先进设备与工具,防止和终止任何危及或影响物业管理辖区内的业主或使用人的生命财产与身心健康的行为和因素,使得业主或使用人人身不受伤害,财物不受损失,工作、生活秩序正常。

二、公共秩序维护的任务和作用

物业项目中的安全防范工作意义重大,物业管理企业应高度重视其管理与服务工作,按照物业服务合同的约定,注意日常工作中的公共秩序的维护与管理工作,真正做到寓管理于服务之中。

（一）公共秩序维护工作的任务

从目前物业管理实际运作情况来看,物业的安全环境管理的形式有:正常状态下的治安管理和紧急状态下的治安管理。

(1) 正常状态下的治安管理是指按原定班次、时间、人员、岗位、工作性质来执行任务的管理。

(2) 非正常状态的治安管理是指突发性的事件、案件处理、紧急状况下的临时性处置等。

(二) 公共秩序维护管理工作的作用

(1) 必须确保物业及附属设备、公共场所、建筑地块等,不受人为损坏、破坏或尽可能减少损失。

(2) 必须阻止或防止任何危及业主或使用人的生命财产的行为。

(3) 必须终止任何影响业主或使用人身心健康的行为,维护正常的生活秩序与工作秩序。

(4) 加强物业公司及所管物业内业主及使用人的精神文明建设、和睦邻里关系、减少邻里纠纷。

(5) 确保地方安全,打击各种犯罪活动,配合当地公安部门工作,为维护社会的安全团结,为改革开放与社会稳定发展创造条件。

三、业务知识

要想搞好所管物业内的公共秩序维护工作,必须掌握相关的业务知识:

(一) 有关的法律法规

1. 国家法律规定

一个合格的物业管理公司的工作人员,必须首先掌握一些适用于物业管理的相关法律、条例、条规,如《中华人民共和国治安管理条例》、《高层建筑消防管理条例》以及交通规则等等。

2. 物业管理企业内部管理制度

物业管理企业必须高度重视对安全防范管理人员的岗前培训及相关业务理论的培训。加强企业内部管理制度的制订及具体落实。

3. 加强对所服务物业区域内的安全防范工作

按照《城市居民区安全防范设施建设管理规定》第四条规定:城市居民住宅安全防范设施,必须具备防撬、防踹、防攀缘、防跨越、防爬人等安全防范功能。所谓居民住宅安全防范设施,是指附属于住宅建筑主体并具有安全防范功能的防盗门、防撬锁、防踹板、防护墙、监控和报警装置,以及居民住宅或住宅区内附设的治安值班室。城市居民住宅安全防范设施的建设,应当遵循下列原则:

(1) 适用、安全、经济、美观;

(2) 符合消防法规,技术规范、标准的要求和城市容貌规定;

(3) 符合当地居民习俗;

(4) 因地制宜。

城市居民住宅竣工后,工程质量监督部门和住宅管理单位必须按规定对安全防范设施进行验收,不合格的不得交付使用;城市居民住宅安全防范设施建设所需费用,由产权人或使用人承担。

4. 违反《城市居民区安全防范设施建设管理规定》的处理办法

对违反规定,有下列行为之一的,由城市人民政府建设行政主管部门责令增补、修改、停工、返工、恢复原状、或采取其他补救措施,并可处以罚款:

(1) 未按有关规范、标准、规定进行设计的;

(2) 擅自改动设计文件中安全防范设施内容的;

(3) 使用未经鉴定不合格的产品、材料、设备的;

(4) 安全防范设施未经验收或验收不合格而交付使用的。

有(3)、(4)行为之一,造成经济损失的,由责任者负责赔偿损失。

对违反规定,破坏居民住宅安全防范设施,由公安机关责令其改正、恢复原状,并可根据《治安管理处罚条例》的规定予以处罚;构成犯罪的,依法追究刑事责任。

对违反这些法律、法规的人员,安全防范人员配合当地公安部门共同对其依法进行处理。

(二)业务知识

作为一个项目的物业管理企业的工作人员,首先应做到防止和终止任何危及或影响辖区内的业主或 使用人的生命财产和身心健康的行为与因素。既要做到坚持原则,依法处理,又要有一定的灵活性,不至于将矛盾或事态扩大。以下介绍一些治安管理中最常见的问题和处置方法。

1. 业主或使用人发生刑事和治安灾害事故时如何处置

(1) 当班工作人员应保护现场,并立即向当地公安机关报告。

(2) 应根据具体情况,实行区域隔离,禁止无关人员进入现场,以免破坏现场。

(3) 根据自己所掌握的情况,向有关部门如实反映,协助破案。

2. 发生火警时如何处置

(1) 各岗工作人员无论接到何种形式的火警信息后,应先通知巡视人员到实地查看,作出正确处理。

(2) 如确实是自救无能力时,由本单位最高层拨打"119",同时采取救援措施,将损失减少到最少程度。

(3) 维护火场秩序,防止坏人趁火打劫,并积极参加抢救伤员和财物的工作。

3. 执勤中遇到犯罪分子偷盗或抢劫如何处置

(1) 工作人员要保持头脑冷静,智勇双全,设法制服罪犯,并立即发出信号,通知就近工作人员。

(2) 若罪犯遇人逃跑时,工作人员应用对讲机呼叫门卫保安,讲清罪犯的外貌、人数、衣着及其他特征。

(3) 对现场或在追捕中罪犯所留下的遗物,千万不能自行处理,以便公安机关侦破。

4. 执勤中遇到不执行规定、不听劝阻的人如何处置

(1) 纠正违章时,要注意态度和蔼、说话和气、以理服人。

(2) 对不听劝阻者,要查清姓名、单位,如实记录并向保安部门汇报。

(3) 发生纠纷时,注意把握政策,如果对方蛮横无理,打骂保安人员,视情节轻重,作出处理。

5. 值勤中发现可疑分子如何处置

（1）先观察1~2分钟，然后上前盘问，注意对方神态，如有异样，及时通知所在地安全部门。

（2）对可疑分子严密跟踪观察，暗中监视，防止其破坏或造成其他意外事故。

（3）若发现可疑分子与公安部门通缉的再逃人员体貌特征相似者，可立即通知当地公关机关。

6. 执勤中发现酒醉者或精神病人闯入如何处置

（1）进行劝阻或阻拦，让其离开。

（2）及时想办法通知酒醉者、精神病人的有关单位或家属，让他们派人领回，并采取控制和监护措施。

（3）若酒醉者或精神病人有危害行为时，可将其强制送到有关部门处理。

7. 遇有使用人携带易燃物品进入租赁区入内如何处置

（1）先进行规劝，宣传消防管理条例，然后通知有关部门存放在指定地点。

（2）规劝态度要真诚、和蔼。

作为物业管理企业的专职工作人员要注意和当地公安部门和所属居民委员会密切合作，发现特殊情况要立即与当地的治安管理部门取得联系。因为，在《物业管理条例》中第四十六条规定：对物业管理区域内违反有关治安、环保、物业装饰装修和使用等方面法律、法规规定的行为，物业管理企业应当制止，并及时向有关行政管理部门报告。有关行政管理部门在接到物业管理企业的报告后，应当依法对违法行为予以制止或依法处理。

同时，《物业管理条例》中第四十七条规定：物业管理企业应当协助做好物业管理区域内的安全防范工作。发生安全事故时，物业管理企业在采取应急措施的同时，应当及时向有关行政管理部门报告，协助做好救助工作。物业管理企业雇请的保安人员，应当遵守国家有关规定。保安人员在维护物业管理区域内的公共秩序时，应当履行职责，不得侵害公民的合法权益。

另外作为专业保安人员业务知识范围还应包括消防常识及交通常识，从而使治安环境管理水平更加规范，管理能更上水平。

第二节　维护公共秩序工作的运作程序

安全环境的获得需要在日常的管理与服务工作中付出艰辛的努力，在运作程序中要按照国家有关规定和物业服务合同的约定去做。

一、人员的资质条件和培训要求

目前，各物业管理公司的保安队伍，主要来自三个方面：一是由专业保安公司派出的；二是聘用离退休人员；三是由各公司自行招聘上岗的。在招聘的人员中，不能只重视外在的条件，忽略内在素质。上岗之前，要经过必要的岗前培训。对于工作人员应具备如下资质条件。

（一）人员的资质条件

（1）热爱中国共产党，拥护社会主义制度，能遵纪守法，法制观念强。

（2）政历清楚，品行端正，思想作风正派，无社会、地区劣迹记录。

（3）具有正常人的体力、智力和体型，身体健康、五官端正、视力正常、身高1.72m

以上。

（二）培训要求

要培养出一支过硬的队伍，必须经过招聘、面试、军训、培训、考试、试工、上岗等过程。

（1）通过社会招聘，从填写表格中可以粗略地判断其是否合适做专职工作。

（2）初试合格，进入面试阶段，在与他们的谈话中，可以了解到他们的工作动机、家庭情况、社会关系、语言表达能力。

（3）面试合格，派人政审。政审的范围，从他们填写的表格中最后一个单位的工作情况看是否辞职、除名等，地区政审看他们在地区中是否有劣迹。

（4）政审合格，进入为期二周的军事训练。其目的是培养他们吃苦耐劳的意志品质和进行站姿、坐姿的训练，掌握一般的擒拿、格斗动作。

（5）体能过关后，进入正常的业务培训，结合公司的具体情况，对服务管理模式、奖惩考核办法、岗位工作程序、日常规范服务系列、规范上岗条例、突发事件反应预案、接待工作系列方案，非常时期安全防范预案等专题的培训。

（6）培训结束后，进行小结，业务考试。考试应分为两部分，包括业务知识及上岗操作考试。

（7）以上项目全部过关，转入 4～6 个月的试岗阶段。在此期间，可以考查专职人员的实际操作能力，并使之对业主及使用人有所了解。

（8）试岗结束，转入正式员工，公司与他们签订合同。如在合同期内，员工有违反合同及有关部门的有关规定、制度情况，按有关规定处理，或解除合同。

二、安全服务的运作程序

服务的运作程序包括：班次的设置与岗位轮转、岗位操作程序及相关制度的制订与实施。

（一）班次的设置与岗位的轮转

安全部管理层人员为日常班。

人员实行"四班三运转"，即两天早班、两天中班、两天夜班、一天休息。另一种是 12 小时一班的运作方法，即做一天，休息一天。

岗位轮转的原则是固定岗位，流动人员。

（二）岗位操作程序

现以监控中心工作程序为例，在此介绍：

1. 监控中心工作程序

（1）上岗前自我检查，按规定着装，仪容、仪表端庄、整洁、做好上岗签名。

（2）保安监控、消防报警系统昼夜开通，设立 24 小时监控值班岗，全面了解和严密监视物业内外安全状况。

（3）当班员工要密切注意屏幕情况，发现可疑情况定点录像。在各主要部位发现可疑情况要采取跟踪监视和定点录像措施，通知有关岗位的有关人员，同时向有关部门汇报。

（4）如发现火灾自动报警装置报警，应立即通知使用人，迅速赶赴报警现场，查明情况。

（5）与工作无关人员，不得擅自进入监控室。

（6）建立岗位记事本，发现异常情况，应记录备案，做好交接班的口头和书面汇报。

（7）进入监控中心必须换拖鞋，保持室内整洁，严禁吸烟，严禁使用电壶及其他明火。

2. 监控中心人员必须做到

（1）保持充沛精力，不打瞌睡。

（2）以高度的责任感认真观察。

（3）不得随意向外人提供本物业项目的监控点、消防设备等有关保安详细资料。

3. 其他岗位应包括

（1）停车场及地下车库保安工作程序。

（2）巡视稽查工作程序。

（3）门卫流动岗等各项 保安工作程序。

（三）相关制度

为了提高物业管理中安全环境管理工作的管理水平，必须制定如下有关制度。

（1）交接班制度。

（2）本部门会议制度。

（3）监控中心管理制度。

（4）安全设施使用及管理规定。

（5）各个安全管理与服务岗位职责（如部门经理岗位职责应包括以下内容）。

1）在总经理的领导下，负责公共区域的公共秩序维护工作。

2）负责全体人员认真履行其职责，圆满完成公司交给的各项安全防范任务。

3）负责人员的招聘、考察了解、面试、上岗培训，发录取通知，签定聘请录用协议。

4）负责人员思想教育、行政管理、违纪查处。

5）负责日常勤务的组织与实施，检查、指导、讲评。

6）负责突发事件的组织指挥和各种处置方法的模拟训练。

7）负责指导和制订员工的职责、奖励及处罚细则，并监督和指导专职人员的贯彻和落实。

8）定期组织专职人员的理论知识的学习，不断提高他们的组织能力和解决问题的方法和政策水平。

9）负责消防工作的管理与服务，配备专管人员，经常检查消防器材和设备，使紧急疏散通道畅通无阻，无火灾隐患。

10）负责对外来人员的管理。

三、安全设施、设备与工具的用途

为了更好地做好安全环境管理工作，对一些常见的设施、设备与工具的用途，再次加以介绍。

（一）电子监控系统

整个监控设备由电子摄像机、屏幕显示、录像机、中央微处理机、中央供电器等主要部分组成。

（1）电子摄像机（也叫探头）一般安装在大厦、小区的重要部位，如大门口、电梯口、电梯内、停车场、各层楼公共走道、大堂、后堂等。在经济条件许可的情况下，在所需监视的范围之内最好均安装探头，不让监视区域出现死角（盲区）。

（2）屏幕显示在中央监控室里，将输入的电子信号转换成图像在屏幕上显示出来。一般有多少个摄像探头，就应有多少个屏幕。但是由于智能化大厦所需监视的目标较多，一般需要几十只甚至上百只探头,这就需要相当数量的屏幕和人员与之相匹配。所以在一般情况下,为了节省显示屏,都采取了画面切割或分割的形式,如一个屏幕4个画面,16个画面等。还有一种就是采用画面选择,将画面选择,将画面编程程序进行滚动,即选多个监控点编组,每间隔几秒钟自动切换画面,如看到有疑问的地方可以实行单一探头专录或定格。

(3)录像机由于屏幕众多,一般无法有效全面地看清所有的画面,通过录像,可以把监视范围的所有人员情况逐一录下,并随时提供给有关单位、人员进行查阅。

(4)中央微处理机:它是整个监控系统的大脑,一般设在监控室内或总控室内。它能够根据用户的需要与要求,对整个大楼多路(探头)的输入输出信号进行编组、分路,并在指定的显示屏上显示。它还可以通过键盘的操作,对每组监控线路的滚动间隔时间、显示时间等进行设定,对移动式探头进行远近、上下、左右的跟踪、监视,重新选择、显示所需的监视点。

(5)中央供电器:它是为监控室或总控室的电器设备提供一个可靠稳定电压的工作电源。它是电子监控系统重要的辅助设备,由两组交流稳压器进行分路输出,各路均有指示、开关及短路保护,以保证监控正常与监控质量。

(二)红外线报警系统

红外线报警系统主要包括:

(1)防盗主机。

(2)键盘。

(3)门窗传感器。

(4)变压器、电瓶等。

如果在重点部位人为使传感器进入 报警状态,即传感器被纳入系统,一旦在禁止入内的时间内有人出入,传感器就会通过防盗主机发出警报。一般主机安置在监控室内,值班人员就会作出反应。

(三)门警管理系统

门警管理系统主要包括

(1)控制器。

(2)进出门读卡机。

(3)报警传感器。

(4)警报器。

(5)阴锁/电磁锁。

(6)出门按钮、门传感器等。

该系统最大的特点是为监视及控制人员进出第一区域提供了完备的功能。一般控制器可识别三种类型的 IC 卡:用户卡、特殊卡、设置卡。进出人员只要拥有三卡中的任何一卡,进出无阻,否则谢绝入内。

(四)电子巡更仪

它是一种能弥补监控不到位的部位或死角,也是能对巡逻保安人员的工作进行督查的仪器。它由手机、墙机、打印机等组成。墙机主要安装在需要巡视的部位,手机主要由巡逻保安掌握,在到达指定部位时,将手机插入墙机方孔内,手机即可记录巡逻人员巡逻的信号、日期、时间,监督人员即可通过手机显示屏或专用打印机输出记录内容,以便查阅巡逻情况。

(五)对讲机

它是目前专职人员常用的寻呼、联络、通话设备，一般是由电源板、主机、天线等三部分组成。主机上设有寻呼频道旋钮与音量旋钮。需对话、联络时，双方必须把旋钮安放在同一频道。一般对讲机应有多个频道。

（六）火灾自动报警系统

一般有温感、烟感、煤气感应等几种。当物业内某一部位温度上升到一定的临界点时，温感器就会自动感应，将信号传入主控制室。烟感器同样如此，当物业内某一部位的烟雾浓度达到某一临界点时，也会将信号传入主控制室。煤气感应器的原理也同样如此。

（七）自动喷淋系统

目前一般新建高层建筑或综合性建筑都设有喷淋装置，它分为闭式自动喷水灭火系统和开式自动喷水灭火系统。一般大厦使用开式自动喷水灭火系统。通常由火灾探测系统、传动管网、淋水管网、雨淋报警装置等组成。平时雨淋阀呈关闭状态，火灾发生地建筑物内温度升高，导致：

（1）如是易熔锁封控制，易熔合金熔化、锁封脱开后，传动阀门打开。

（2）如是闭式喷头控制，温感元件易破脱落。

（3）如是电动控制，火灾探测器经火灾报警控制箱开启电磁阀，使传动管网压力释放，雨淋阀自动开启，向淋水管网供水，所有开式喷头、水幕管、水幕喷头等一齐喷水灭火。

（八）消防给水系统

一般的高层建筑都有一套独立的消防用水系统，专门用于灭火的供水系统，它的机房也是独立的，主要包括消防水泵、消防水箱和消防管道等。消防管道控制开关一般每个楼层都有，并与楼层中的消防栓相连接。消防栓装置包括接口、开头、水带、喷头等。消防栓栓口离地面高度为1.1m。在消防栓边，一般装有楼层发信机，在紧急情况下启用，能及时通知消防控制中心及周围人员马上疏散，一旦发生火灾，每个楼层打开消防栓，启用消防水泵（自动），水就直接从水龙带中流出，进行灭火。

（九）消防增压泵

在一类建筑（住宅除外）消防水箱不能满足灭火要求的水压或二类公共建筑无消防水箱时设置，使平时消防给水管网保持足够的压力。

（十）卤代烷灭火系统

卤代烷130是世界上工业发达国家广泛应用的卤供烷灭火剂，它无色、无味、低毒、不导电，能以蒸汽状态喷入火灾区域，通过化学反应，中断燃烧过程，迅速扑灭A类、B类、C类物质的表面火灾。对于大部分火灾，5%的灭火剂蒸汽容积浓度就可以扑灭，且在灭火后不留任何污迹。

（十一）应急照明

一般有两种。一种是安装在每个楼层通道及公共场所的墙上。在正常情况下，它是处于充电的状态下，但是一旦大厦供电线路出现故障或停电，它就自动启动照明，以供应急使用。还有一种是手提式应急灯，平时充电，应急时使用，式样有些像煤矿中的手提式矿灯。

（十二）消防电梯

它是在火灾发生时，专供消防灭火用的电梯。它与一般电梯有两点不同：一是它的轿厢、门都是用防火材料制成。二是火警发生时，只要敲破底楼的紧急按钮，它就不再接受其他楼层按钮的信号。

（十三）灭火器

根据有关规定,灭火器的配置一般在非重点要害部位,每100m² 配置两只2kg的灭火器,重点要害部位每50m² 配置两只2kg的灭火器。它的类型有水型(清水、酸碱),主要用来扑灭木材,纺织品、纸张等引起的火警;干粉型(磷酸铵盐、碳酸氢钠),主要用来扑灭易燃液体、气体、电气设备引起的火警;泡沫型(化学泡沫),主要用来扑灭油脂、石油制品引起的火警;卤代烷型,主要用来扑灭电器、燃油、煤气等引起的火警;二氧化碳型,主要用来扑灭油类、易燃液体等引起的火警。

（十四）氧气面具、消防战斗服、求命绳、太平斧

这些都是消防自救的必备器具。一旦发生火警,一个训练有素的保安人员,接到报警后,就应在最短的时间内带上上述器具整装待命,投入战斗。

（十五）防火卷帘门、防火门

国家对高层建筑设防火区域有统一规定,防火卷帘门、防火门的用途是一旦发生火灾,可将火势控制在一定的范围内,防止蔓延扩大,便于消防补救,以便减少损失。

（十六）消防通道、避难层、消防电梯室、楼梯前室

当火灾发生时,人们紧急疏散,要一个阶段比一个阶段安全性高,即人们从着火源跑到公共走道,再由公共走道到消防通道或消防电梯前室、楼梯前室,然后转向室外或其他安全处所如避难屋(间),一步比一步更安全,不会产生"逆流"现象。这样的疏散路线即为安全通道。临时藏身之处有消防电梯前室、楼梯前室,而避难层,一般是与设备层、消防给水分区系统和排烟分区系统有机地结合,十分便利。

（十七）消防水箱（池）

现代化的高层建筑随着楼层的递增,对消防用水也提出了相应的要求,每幢大厦设上区和中区水箱。按规范规定:中区消防水箱与生活水箱各自独立设置,消防水箱容积为18m³,设置在26层。上区生活与消防水箱共用,容积为100m³,设置在46层。顶层50层水箱容积为18m³,消防水箱为矩型,钢筋混凝土制作。

四、紧急疏散

在物业管理中,紧急疏散是安全环境管理的重要工作内容。对于商贸楼宇和高层建筑更应注意做好紧急疏散的准备工作。

高层建筑中紧急疏散时路线长,住户分散不好组织。商贸楼宇功能多,办公、住宿、餐饮、娱乐等应有尽有,发生事故的可能性较大。物业管理者要针对所管物业项目的实际情况,分析可能发生的事故及其所带来的危害,并做好紧急状况下的疏散工作。

（一）可能发生的紧急情况

在物业项目中有可能发生的紧急情况有:

(1) 火灾。

(2) 爆炸。

(3) 电路发生意外事故。

(4) 汽油、其他液体燃料泄漏。

(5) 有毒、有害气体泄漏。

(6) 地震。

(7) 建筑物结构意外事故。

（二）如何进行紧急疏散

（1）当火灾或其他意外事故（如爆炸）一旦发生，而又无法制止或控制险情，处于紧急状态况时，就应立即报警、切断火源或事故源，并积极组织人员疏散。

（2）高层住宅和商贸楼宇，疏散路线长，人员分散，组织疏散困难大。一般作法是：

1）先及时切断火源；

2）利用楼宇内的 分割装置，如商场内的防火卷帘门等将事故现场隔断，阻止灾情扩大；

3）组织人员通过紧急通道、疏散楼梯等迅速撤离。

紧急情况下的疏散关键是组织工作，平时应进行一定的训练，以便有备无患。

（3）在确保人员安全的情况下，为避免险情扩大，应尽量将危险品转移至安全处；然后将贵重财产运送至安全地带。

（三）紧急疏散的顺序

在紧急疏散的过程中要贯彻以人为本的服务原则，首先以人员疏散为主然后再考虑危险品的转移和贵重物品的转移。

1. 人员疏散为主

发生事故时，首先应保证人的生命安全，如果事故可以迅速制止排除险情，应尽快采取措施，这是保证人员安全的积极办法。但如果发现不能制止事故扩大，则应尽快组织人员疏散。

2. 转移危险品

为了避免更大灾害，在可能的条件下事故发生时尽量将危险品转移。

3. 抢救贵重财产

在人员安全有保证的前提下，可将贵重财产运送到安全地带。

（四）紧急事件处理（案例分析）

1. 电梯困人应变措施

（1）如有乘客被困在电梯内，如有闭路电视或对讲机，则须把电视机镜头移至困人的电梯，观察电梯内的活动情况，详细询问被困者有关情况及通知管理处人员到电梯门外及保持联系。

（2）立即通知电梯维修公司紧急维修站派人释放被困者及修理电梯，在打电话时必须询问对方姓名及告知有人被困。

（3）被困者内如有儿童、老人、孕妇或人多供氧不足的须特别留意，并立即通知医护部门、消防部门等。

（4）被困者救出后，须询问：

1）是否有不适，是否需要帮助。

2）提供姓名、地址、联系电话及到本厦的原因。

3）如被困者不合作或自行离去，则记录备案。

4）必须记录从开始至结束的时间、详细情形及维修人员、消防员、警员、救护人员到达和离去的时间，消防车、警车及救护车的号码等。

5）必须记录被困者救出的时间或伤员离开时间及查询伤员送往保险处医院。

2. 瓦斯、易燃气体泄漏

（1）当收到怀疑易燃气体泄露时，应立即通知主管部门，并尽快赶到现场。

（2）抵达现场后，要谨慎行事，敲门进入后，不可开灯开风扇及任何电掣。必须立即打开所有窗门，关闭煤气或石油气掣，严禁现场吸烟。

（3）通知所有人员离开现场、有关人员到场检查，劝阻围观人员撤离现场。

（4）如发现有受伤不适者，应小心妥善处理，待救护人员及警务人员抵达现场。

（5）管理人员在平时巡逻时应提高警惕。遇有不寻常气体味道时，应小心处理。对煤气及石油气总掣的位置和开关方法应了解和掌握。

（6）将详细情况记录下来，尽快呈交主管。

3．火警应变措施

（1）切勿急躁，保持镇定。

（2）在可能的情况下，以灭火设备扑灭火源，但切勿把自己置身于危险之中。

（3）如火势不能控制，应使用最近之消防电梯走到一楼空地，并将火场内情况及时报告消防队。

（4）逃生时采用低姿势沿地板爬行，如必须要通过火焰时，应将所穿衣服用水浸湿或把毛毯浸湿后裹住身体迅速冲出去。

（5）留守岗位及封锁现场，直到有关方面到现场处理为止。

（6）各个出口、火警警钟、灭火器等位置及灭火器的使用必须要了解和掌握。

（7）必须了解各主要通道及走火路线。

（8）保持走火通道畅通无阻，确保消防设备处于正常状态，留意其保养期限。

（9）烟的上升速度，远比人上楼梯来得快，故火警时应尽快地向地面逃出。

（10）为防止在危急中迷失方向及镇定情绪，管理人员一定要事先学会如何在危急中应变。

（11）就事件发生情况，尽快向主管部门提交报告。

课后阅读参考材料

1．《中华人民共和国治安管理处罚条例》
2．第八届全国人民代表大会常务委员会第七次会议修正
3．《城市居民住宅安全防范措施建设管理规定》

复习思考题

1．何谓居民住宅安全防范设施？
2．建设居民住宅安全防范设施应遵循哪些原则？
3．紧急疏散的顺序如何？
4．试述火警应变措施。

第七章　消防管理与服务

1998 年 4 月 29 日第九届全国人民代表大会常务委员会第二次会议通过的《中华人民共和国消防法》第二条明确指出：消防工作贯彻预防为主、防消结合的方针，坚持专门机关与群众相结合的原则，实行防火安全责任制。因此，消防管理工作不仅是专门机关的工作，而且也是全体人民群众应尽的义务。

第一节　概　　述

在物业管理工作中，最常见的意外事故就是火灾，给住用人的生命和财产带来最大危害的也是火灾。因此，防火工作是物业管理工作中一项重要的工作。

所谓建筑火灾，是指烧损建筑物及其容纳物品的燃烧现象。在目前火灾事故中，高层建筑的火灾危害，较其他类型建筑，损失更为严重，救火难度也较大，因此本章将以高层建筑的消防知识作一简单介绍。

高层建筑火灾，是指高层建筑内某一空间燃烧起火，进而发展到某些难题或整个高层建筑的火灾。由于高层建筑空间大，人员、物资集中，火灾在烟囱效应作用下发展蔓延快，消防救助困难，因而具有极大的危险性。

在某一防火分区或建筑空间，可燃物在刚刚着火、火源范围很小时，由于建筑空间相对火源来说，一般都比较大，空气供应充足，所以燃烧状况与开敞的空间基本相同。随着火源范围的扩大，火焰在最初着火的可燃物上燃烧，或者引燃附近的可燃物，当防火分区的墙壁、屋顶等开始影响燃烧的继续发展时，一般说来，就完成了一个发展，即火灾初期。建筑防火分区火灾一般可分为三个时间区间。

初期火灾：

防火分区内的可燃物，因某种原因被引起燃烧，一边消耗分区内的氧气，一边扩大燃烧范围 。若燃烧范围进一步扩大，火灾温度就会急剧上升，并发生轰燃。

初期火灾时，着火分区的平均温度低，而且燃烧速度较低，对建筑结构的破坏也比较低。

在火灾的初起阶段，虽然火灾分区的平均温度低，但在燃烧区域及周围的温度较高。在局部火焰高温的作用下，使得附近可燃物受热分解、燃烧，火灾规模扩大，并导致火灾分区全面燃烧，一般把火灾由初期转变为全面燃烧的瞬间，称为轰燃（Flashover）。轰燃经历的时间短暂，它的出现，标志着火灾由初期进入旺盛期，火灾分区内的平均温度急剧上升，若在轰燃之前在住人员逃不出火灾分区，就会有生命危险。

旺盛期火灾（轰燃后）：

轰燃后，空气从破损的门窗进入起火分区，使分区内产生的可燃气体与未完全燃烧的可燃气体一起燃烧。此后，火灾温度随时间的延长而持续上升，在可燃物即将烧尽时达到最高。

在此期间,火灾分区所有的可燃物全都进入燃烧,并且火焰充满整个空间。门窗玻璃破碎,为燃烧提供了较充足的空气,使火灾温度升高,一般可达1100℃左右,破坏力很强,建筑物的可燃构物,如木质门、木质隔墙及可燃装修等,均被烧着,并对建筑结构产生威胁。

衰减期(熄灭):

经过火灾旺盛期后,火灾分区内可燃物大都被烧尽,火灾温度渐渐降低,直至燃灭。一般把火灾温度降低到最高值的80%作为火灾旺盛期与衰减期的分界。这一阶段虽然有焰燃烧停止,但火场的余热还能维持一段时间的高温。衰减期温度下降速度是比较慢的。

以上是建筑火灾的三个发展过程,下面我们还要介绍火灾蔓延的简单知识。

一、火灾蔓延的方式

掌握火灾蔓延的自然规律及蔓延方式,有助于帮助我们在火灾发生时,争取时间,控制火灾的蔓延。

(一)火灾蔓延

初始燃烧表面的火焰,将可燃材料燃烧,并使火灾蔓延开来。火灾蔓延速度主要取决于火焰传热速度。火焰蔓延速度可由下式表示:

$$\rho \cdot V \cdot \Delta H = Q$$

式中　ρ——可燃物的密度;

V——火焰蔓延速度;

ΔH——单位质量的可燃物从初温 T_0 上升到相当于火焰温度 T_i 时的焓的增量;

Q——火焰传热速度。

(二)热传导

火灾分区燃烧产生的热量,经导热性好的建筑构件或建筑设备传导,能够使火灾蔓延到相邻或上下层房间。例如:薄壁隔墙、楼板、金属管壁,都可以把火灾分区的燃烧热传导至另一侧的表面,使地板上或靠着隔墙堆积的可燃、易燃物体燃烧,导致火场扩大。应该指出的是,火灾通过传导的方式进行蔓延扩大,有两个比较明显的特点:

(1)必须有导热性好的媒介,如金属构物、薄壁构件或金属设备等;

(2)蔓延距离较近,一般只能是相邻的建筑空间。

可见传导蔓延扩大的火灾,其规模是有限的。

(三)热对流

热对流是建筑物内火灾蔓延的一种主要方式。建筑火灾发展到旺盛期后,一般说来窗玻璃在轰燃之际已经破坏,又经过一段时间的猛烈燃烧,内走廊的木制户门被烧穿,或者门框之上的亮窗玻璃被破坏,导致烟之涌入内走廊。一般耐火建筑可达1000～1100℃左右高温,木结构建筑更高一些。这时,火灾分区内外的压差变大,遇到冷空气,使之温度降低,压差减少,失去浮力,流动速度就会降下来。若在走廊里放可燃、易燃物品,或者走廊里有可燃吊顶等,被高温烟火点烧,火灾就会在走廊里蔓延,再由走廊向其他空间传播。

除了在水平方向对流蔓延外,火灾在竖向管井也是由热对流方式蔓延的。

(四)热辐热

热辐射是相邻建筑之间火灾蔓延的主要方式之一。建筑防火中的防火间距,主要是考虑防止火焰辐射引起相邻建筑着火而设置的间隔距离。要搞清楚火焰辐射对火灾蔓延的机理,首先必须搞清楚两个问题,即:点燃可燃材料所需的辐射强度是多少?建筑物发生火灾时能够产生多大的辐射强度？介绍如下：

在建筑物中，经常采用木材或类似木材的可燃构件、装修或家具等，因此木材是建筑中主要的火灾荷载。世界各国都特别注意对木材火灾的研究。工业发达国家把 $12.6kW/m^2$ 做为木材点燃的临界辐射强度。在这一辐射强度下烘烤 20 分钟，无论在室内还是在室外，火场飞散的小火星就可引燃木材。而引起木材自然的临界辐射强度是 $33.5kW/m^2$。

二、火灾蔓延的途径：

高层建筑内某一层间发生火灾，当发展到轰燃之后，火势猛烈，就会突破该房间的限制。当向其他空间蔓延时，其途径有：未设适当的防火分区，使火灾在未受任何限制的条件下蔓延扩大；防火隔墙和房间隔墙未砌到顶板底皮，导致火灾在吊顶空间内部蔓延；由可燃的户门及可燃隔墙向其他空间蔓延；电梯竖质蔓延；非防火、防烟楼梯间及其他竖井未作有效防火分隔而形成竖向蔓延、现代外窗形成的竖向蔓延；通风管道及其周围缝隙造成的火灾蔓延。

（一）火灾在水平方向的蔓延

火灾在水平方向的蔓延，在不同情况下有不同的方式。

1. 未设防火分区

对于主体结构为耐火结构的建筑来说，造成水平蔓延的主要原因之一是，建筑物内未设水平防火分区，没有防火墙及相应的防火门等形成控制火灾的区域空间。例如：某医院大楼，每层建筑面积 $2700m^2$，未设防火墙分隔，也无其他的防火措施，三楼着火，将该楼层全部烧毁，由于楼板是钢筋混凝土板，火灾才未向其他层蔓延。又如，东京新日本饭店，于 1982 年 2 月 8 日因一旅客在 9 层客房内吸烟引起火灾，由于未设防火分隔，大火烧毁了第 9 层、第 10 层，面积达 $4360m^2$，死亡 32 人、受伤 34 人、失踪 30 多人。再如，美国内华达洲拉斯维加斯市的米高梅旅馆发生火灾，由于未采取严格的防火分隔措施，甚至对 $4600m^2$ 的大赌场也没有采取任何防火分隔措施和挡烟措施，大火烧毁了大赌场及许多公共用房，造成 84 人死亡、679 人受伤的严重后果。

2. 洞口分隔不完善

对于耐火建筑来说，火灾横向蔓延的另一途径是洞处的分隔处理不完善，如：户门为可燃的木质门，火灾时被烧穿，铝合金防火卷帘无水幕保护，导致卷帘被熔化，管道穿孔处未用不燃材料密封等。

在穿越防火分区的洞口上，一般都装设防火卷帘或钢质防火门，而且多数采用自动关闭装置。然而，发生火灾时能够自动关闭的较少。这是因为，卷帘箱一般设在顶棚内部，在自动关闭这前，卷帘箱的开口、导轨及卷帘下部等因受热发生变形，无法靠自重落下，而且在卷帘的下面堆放物品，火灾时不仅卷帘放不下，还会导致火灾蔓延。此外火灾往往是无人的情况下发生，即使设计了手动关闭装置，也会因无人操作，而不能发挥作用。对于钢质防火门来说，在建筑物正常使用情况下，门是开着的，有的甚至用木楔子楔着，一旦发生火灾，不能及时关闭也会造成火灾蔓延。

3. 吊顶内部空间蔓延火灾

目前有些框架结构的高层建筑，竣工时是个大的通间，而出售或出租给用户，由用户自行分隔、装修。有不少装设吊顶的高层建筑，房间与房间、房间与走廊之间的分隔应做到吊顶底皮，吊顶上部仍为连通的空间。一旦起火极易在吊顶内部蔓延，且难以及时发现，导致灾情扩大;就是没有吊顶,隔墙如不砌到结构底部,留有孔洞或连通空间,也会成为火灾蔓延和烟气扩散的途径。

4. 火灾通过可燃的隔墙、吊顶、地毯等蔓延

可燃构件与装饰物在火灾时直接成为火灾荷载,由于它们的燃烧导致火灾扩大的例子很多。如:巴西圣保罗市安得拉斯大楼,由于隔墙采用木板和其他可燃材料,吊顶、地毯、办公家具和陈设等均为可燃材料。1972 年 2 月 4 日发生了火灾,可燃材料成为燃烧、蔓延的主要途径,造成死亡 16 人、受伤 326 人、经济损失达 200 万美元。

(二)火灾通过竖井蔓延

在现代建筑物内,有大量的电梯、楼梯、服务设备、垃圾道等竖井,这些竖井往往贯穿整个建筑,若未作周密完善的防火设计,一旦发生火灾,就可以蔓延到建筑的任意一层。

此外,建筑中一些不引人注意的孔洞,有时会造成整座大楼的恶性火灾。尤其是在现代建筑中,吊顶与楼板之间,幕墙与分隔构物之间的空隙,保温夹层,通过管道都有可能因施工质量等留下孔洞,而且有的孔洞水平方向与竖直方向互相穿通,往往不知道这些孔洞隐患的存在,更不会采取什么防火措施,所以火灾时会导致生命财产的损失。

1. 通过楼梯间蔓延火灾

高层建筑的楼梯间,若在设计阶段未按防火、防烟要求设计,则在火灾时犹如烟囱一般,烟火很快会由此向上蔓延。如:巴西里约热内卢市卡萨大楼 31 层,设有两座开敞楼梯和 1 座封闭楼梯。1974 年 1 月 15 日,大楼第一层着火,大火通过开敞楼梯间一直蔓延到十八层,造成三至五层、十六至十七层室内装修基本烧毁,经济损失很大。

有些高层建筑只设有封闭楼梯间,而起封闭作用的门未用防火门,发生火灾后,不能有效地阻止烟火进入楼梯间,以致形成火灾蔓延通道,甚至造成重大的火灾事故。如美国纽约市韦斯特克办公楼,共 42 层,只设了普通的封闭楼梯间。1980 年 6 月 23 日发生火灾,大火烧毁十七至二十五层的装修、家具等,137 人受伤,经济损失达 1500 万美元。又如西班牙的罗那阿罗肯旅馆,地上 11 层、地下 3 层,设置楼梯和开敞电梯。1979 年 9 月 12 日发生火灾,由于仅设普通的封闭楼梯间,又采用了木门,不能自行关闭,因此烟火通过未关闭的楼梯间和开敞的电梯厅,从底层迅速蔓延到了顶层,造成 85 人死亡,经济损失惨重。

2. 火灾通过电梯井蔓延

电梯间未设防烟前室及防火门分隔,将会形成一座座竖向烟囱。如美国米高梅旅馆,1980 年 11 月 21 日,"戴丽"餐厅着火,由于大楼电梯井、楼梯间没有设置防烟前室,各种竖向管井和缝隙没有采取分隔措施,使烟火通过电梯井等竖向管井迅速向上蔓延,在很短时间内,浓烟笼罩了整个大楼,并窜出大楼高达 150m。

在现代商业大厦及交通枢纽、航空港等人流集散量大的建筑物内,一般以自动扶梯代替了电梯。自动扶梯所形成的竖向连通空间也是火灾蔓延的新型途径,设计时必须予以高度重视。

3. 火灾通过其他竖井蔓延

高层建筑中的通风竖井,也是火灾蔓延的主要通道之一,如:美国韦斯特克办公大楼,火灾中烈火烧穿了通风竖井的检查门(普通门),烟火经通风竖井和其他管道的检查门蔓延到 22 层,而后又向下窜到第 17 层,使十七至二十二层陷入烈火浓烟中,损失惨重。

管道井、电缆井、垃圾井也是高层建筑火灾蔓延的主要途径。如:香港大生工业楼火灾,

火势通过未设防火措施的管道井、电缆井、垃圾井等扩大蔓延。

此外，垃圾道是容易着火部位，又是火灾中火势蔓延的主要通道。防火意识淡薄者，习惯将未熄灭的烟头扔进垃圾井，引燃可燃垃圾，导致火灾在垃圾井内隐燃、扩大蔓延。

（三）火灾通过空调系统管道蔓延

高层建筑空调系统，未按规定部位设防火阀、采用不燃烧的风管、采用不燃或难燃烧全材料做保温层，火灾时会造成严重损失。如杭州某宾馆，空调管道用可燃保温材料，在送、回风总管和垂直风管与每层水平风管交接处的水平支管上均未设置防火阀，因气焊烧着风管，可燃保温层引起火灾，烟火顺着风管和竖井孔隙迅速蔓延，从1层烧到顶层，整个大楼成了烟火柱，楼内装修、空调设备和家具统统化为灰烬，造成巨大损失。

通风管道蔓延火灾一般有两种方式，即通风管道本身起火并向连通的空间（房间、吊顶内部、机房等）蔓延，更危险的是它以吸进火灾房间的烟气，而在远离火场的其他空间再喷吐出来，造成大批人员因烟气中毒而死亡。如：1972年5月，日本大阪千日百货大楼，3层发生火灾，空调管道从火灾层吸入烟气，在7层的酒吧间喷出，使烟气很快笼罩了大厅，引起在场人员的混乱，加之缺乏疏散引导，导致118人丧生。因此，在通风管道穿通防火分区之处，一定要设置有自动关闭功能的防火闭门。

（四）火灾由窗口向上层蔓延

在现代建筑中，往往从起火房间窗口喷出烟气和火焰，沿窗间墙及上层窗口向上窜越，烧毁上层窗户，引燃房间内的可燃物，使火灾蔓延到上部楼层，若建筑物采用带形窗，火灾房间喷出的火焰被吸附在建筑的表面，有时甚至会吸入上层窗户内部。

三、建筑火灾教训

《中华人民共和国消防法》第十条明确指出：按照国家工程建筑消防技术标准需要进行消防设计的建筑工程，设计单位应当按照国家工程建筑消防技术标准进行设计，建设单位应当将建筑工程的消防设计图纸及有关资料报送公安消防机构审核；未经审核或者经审核不合格的，建设行政主管部门不得发给施工许可证，建设单位不得施工。经公安消防机构审核的建筑工程消防设计需要变更的，应当报经原审核的公安消防机构核准；未经核准的，任何单位、个人不得变更。按照国家工程建设消防技术标准进行消防设计的建筑工程竣工时，必须经公安消防机构进行消防验收；未经验收或者验收不合格的，不得投入使用。物业管理企业在竣工验收和接管验收过程中应该严格把好消防工程设计及施工的各项环节，免除日后的火灾隐患。

在此选编建筑火灾案例，为了能从火灾中吸取经验教训，总结出防范经验，做好消防工作。

（一）美国米高梅（MGM）旅馆火灾

1980年11月21日，美国内华达洲拉斯维加斯市的米高梅旅馆发生重大火灾，死亡84人、伤679人。导致这场火灾迅速蔓延和大量人员伤亡的主要原因是：内部装饰和家具使用大量可燃材料、缺乏防火分隔、防火设施不完善、没有把火灾扑灭在初起阶段。这次火灾是该市历史上损失最惨重的一次。

1. 建筑概况

米高梅旅馆投资一亿美元，于1973年建成，同年12月营业。该旅馆共26层，占地面积3000m²、客房2076套、拥有4600m²的大赌场、有1200个座位的剧场、有可供11000人同时就餐的 80 个餐厅以及百货商场等。旅馆设备豪华、装饰精致,是一个富丽堂皇的现代化旅馆。

2. 火灾发展情况

11 月 21 日上午 7 点 10 分左右,"戴丽"餐厅(与一楼赌场邻接)发现火灾,使用水枪扑救,未能成功。由于餐厅内有大量可燃塑料、纸制品和装饰品等,火势迅速蔓延,不久餐厅变成火海。因未设防火分隔,火势很快发展到邻接的赌场。7 时 25 分,整个赌场也变成火海。大量易燃装饰物、胶合板、泡沫塑料坐椅等,在燃烧中放出有毒烟气。着火后,旅馆内空调系统没有关闭,烟气通过空调管道到处扩散。火和烟通过楼梯井、电梯井和各种竖向孔及缝隙向上蔓延。在很短时间内,烟雾充满了整个旅馆大楼。

发生火灾时,旅馆内有 5000 余人。由于没有报警,客房没有及时发现火灾。许多人闻到焦臭味,见到浓烟或听到敲门声、玻璃破碎声和直升飞机声后才知道旅馆发生了火灾。一部分人员被及时疏散出大楼;一部分人员被困在楼内,许多人穿着睡衣,带着财物涌向楼顶,等待直升飞机营救、有些旅客因楼梯间门反锁,进入死胡同而丧命。

消防队 7 时 15 分接警后,调集了 500 余名消防队员投入灭火和营救中,经两个多小时扑救,才将火灾扑灭。由于楼内人员多,疏散营救工作用了 4 个多小时。清理火场时发现,遇难者大部分是因烟气中毒而窒息死亡。84 名死者中有 64 人死于旅馆的上部楼层、其中大部分死于 21~25 层的楼面上、29 人死于房间、21 人死于走廊或电梯厅、5 人死于电梯内、9 人死于楼梯间。

据调查,火灾是吊顶上部空间的电线短路,隐燃了数小时后才被发现的。

3. 经验教训

(1)室内装修、陈设均用木质、纸质及塑料制品,不仅加大了火灾荷载,而且燃烧速度快,产生大量有毒气体,加上火灾时,未关闭空调设备,有毒烟气经空调管道迅速吹到各个房间 。在清理火场时发现,全部死亡的 84 人中,有 67 人是被烟熏窒息死亡的。

(2)大楼未采取防火分隔措施,甚至 4600m² 的大赌场也没有采取任何防火分隔和挡烟措施。防火墙上开了许多大小洞,穿过楼板的各种管道缝隙也未堵塞,电梯和楼梯井也没有防火分隔。因而给火灾蔓延创造了条件,烟火通过这些竖井迅速向上蔓延,使在很短时间内,浓烟笼罩着整个大楼,浓烟烈焰翻滚冲上,高出大楼顶约 150m。

(3)大楼内的消防设施很不完善,仅安装了手动火灾报警装置和消火栓给水系统,只有赌场、地下室、26 层安装了自动喷水灭火设备。起火部位的"戴丽"餐厅没有安装自动喷水灭火设备,烧损最为严重。拥有 1200 座位的剧场没有设置消火栓系统。死人最多的二十至二十五层均未安装自动喷水灭火设备,这是非常沉痛的教训,在管理中应认真吸取教训。

(二)日本千日百货大楼火灾

1972 年 5 月 13 日,座落在大阪市南区波新地的日本千日百货大楼发生了火灾,大火持续了 40 小时、烧毁建筑面积达 8763m²、死亡 118 人、受伤 82 人。这是日本规模最大的一起综合性商业大楼火灾。

1. 建筑概况

千日百货大楼建于 1932 年,原为大阪歌舞剧院。1958 年改建,采用钢筋混凝土框架结构,地上 7 层、地下 1 层,占地面积 3770m²,总建筑面积 25923m²。地下层设有饮食店和设备室 ,1 层为商场和保安室,2~5 层是商场,6 层设有游艺场和剧场,7 层设有酒馆等。该大楼没有安装自动喷水灭火设备和火灾自动报警装置。大楼内设有6座楼梯,两部自动扶梯与穿过楼层之间的竖向区段虽设防火分隔门,但这些门始终是敞开的,不起挡烟阻火作用。

2. 火灾发展情况

起火当天,3楼正在进行电气施工作业,一位监督工程施工的人员在店内一边吸烟,一边来回走动,很可能是由于该监督员吸烟不慎而引起这场火灾。起火部位是在3楼商店柜台内(妇女服装柜台附近)。火势很快蔓延到陈列衣料的部位上,起烧越旺。凶猛的火势通过自动扶梯的开口部,迅速扑上4层,下窜到2层。由于室内陈列着大量衣料物品,加上许多可燃内装修,燃烧越来越猛烈,特别是烟火通过空调设备的管道和电梯井、部分楼梯间,迅速蔓延到整个大楼。

火灾发生时,在大楼内共有220人,其中7层有181人。3楼起火后,没有及时通报在7层的人员。当3楼燃烧20分钟左右,7层的办公室走廊下的空调回风管口喷出浓烟,电梯井口涌出大量烟气后,7层的人们才知道大楼发生了火灾。这时,浓烟和火焰迅速向上扩散,笼罩着整个大楼,并聚集在7层。7层的人失去了及时疏散的时间,加上避难指挥不当,致使不少人在热气和浓烟的逼迫下,破窗跳楼身亡。留在室内的许多人被烟气窒息死亡,只有两人从惟一能够疏散的一个楼梯逃离大楼。另有50人是消防员到场后用云梯车营救出来的。结果,在7层上的181人中,只有63人幸存,其余118人丧生。这起火灾还造成82人受伤。该商店保安负责人得知起火后,只向消防队报警,而未向7层通报,使在7楼的人员失去了及时避难的时机。7楼的防火管理人员得知起火后,没有及时打开安全出口的门,也没有组织顾客有秩序地避难,由于停电,顾客哗然大乱,22人在忍耐不住烟气的情况下跳楼身亡。7楼更衣室通往两部避难楼梯的门全部上锁,被困人员无法逃脱。还有大楼各层都配备了救生袋,但顾客不会正确使用,未能利用救生袋脱险。

3. 经验教训

(1)商店大楼的空气调节系统的管道没有设置可靠的阻火闸门,载货升降机井及楼梯间不防烟、防火,成了火灾向上蔓延的途径,在设计中应吸取这一教训。

(2)这次火灾充分暴露了千日百货大楼在防火管理上存在的问题,主要是没有树立防患于未然的思想,安全出口门上锁,被困人员无法逃生脱险,必须引以为戒。

(3)高层建筑必须加强消防训练,切实做到早期报警,扑灭初期火灾,进行安全疏散训练,防止和减少伤亡事故和火灾损失。

(4)在设计中,对面积大、可燃物多,人员集中的大型公共建筑,必须采取防火分隔措施,并要设置火灾自动报警装置和自动喷水灭火设备。

(5)空调与通风管道必须设置自动关闭功能的防火阀门,本次火灾中死亡人数如此之多,主要是空调管道在火灾时不能自动关闭,将火灾层的有毒烟气输送到7层而造成的。

(三)高层公寓、住宅火灾

1. 建筑概况

某高层公寓地上16层,地下1层,采用钢筋混凝土结构,室内设有普通的封闭楼梯和平时使用的电梯,仅设有室内消火栓给水系统。

2. 火灾概况

1977年11月某日,由于外国使馆人员的家属在6楼卧室用火不慎,引起火灾。卧室家具、陈设等物品全部被烧毁,卧室外的走道、吊顶也被烧毁,预应力钢筋混凝土复合楼板保护层脱落,高强度钢丝外露,钢筋混凝土剪力墙表皮剥落 2～3cm,钢筋混凝土柱多处裂缝,钢窗严重变形,铝合金暖气片受火变为灰色,室内和阳台的顶灯玻璃烧成碎片,损失数万元。

3. 经验教训

(1) 该公寓为 16 层的塔式高级住宅,室内可燃装修较多,而没有设置防烟楼梯间和消防电梯,也没有自动喷水灭火设备。火灾幸亏发生在白天,起火时楼内人员不多,发现和扑救及时,才未酿成更大火灾。

(2) 着火房间设有转角阳台,虽然火势一般凶猛,但阳台阻止了火势向上蔓延,这说明高层建筑设置阳台或不燃烧体挑檐对于阻止火势竖直方向蔓延有良好的作用。(阳台宽1.2m)

四、消防宣传工作

《中华人民共和国消防条例》明确指出,中国消防工作的方针是"预防为主,防消结合"。江泽民同志"隐患险于明火,防患重于救灾,责任重于泰山"的指示也是我们消防工作的指导性纲领。

消防管理的内容有:消防宣传教育;消防队伍建设;消防制度制定;消防设备、器材配置与管理及紧急情况下的疏散五个方面,其核心工作是:队伍落实、制度落实、器材落实。

消防管理中的首要任务是向全体的物业管理人员和所有住用人,特别是儿童搞好宣传教育工作。

(一) 宣传教育的内容

《中华人民共和国消防法》第六条明确指出:各级人民政府应当经常进行消防宣传教育,提高公民的消防意识。教育、劳动等行政主管部门应当将消防知识纳入教学、培训内容。新闻、出版、广播、电影、电视等有关主管部门,有进行消防安全宣传教育的义务。

1. 增强消防意识

通过对消防法规的宣传,强化每个人的消防意识和社会责任感,不仅使物业管理人员而且使每个住用人都能做到"消防意识,警钟长鸣,消防工作、常抓不懈"。

2. 普及消防知识

包括各种防火知识、灭火知识和紧急情况下的疏散和救护知识。如:明火使用要求、电气设备安全使用规定、各类灭火器材的正确使用、火灾初起时如何报警、火灾中怎样有秩序的疏散与自救互救等。

(二) 宣传教育的形式

(1) 消防轮训。普通物业要对全体管理人员进行消防常识的培训和必要的防火、灭火和疏散训练。高层楼宇还要对所有的住用人进行培训。

(2) 在楼宇内外利用多种形式进行宣传,并在适当位置张贴标语,如"注意防火","严禁烟火"等。

(3) 在入住时,发放消防须知,在重大节日提醒注意预防火灾。

(4) 定期进行消防演习。主要目的有两方面:一是锻炼消防队伍;二是提醒广大住用人,注意消防安全。

第二节　消防管理与服务工作

消防管理工作的内容有五个方面,其中宣传教育工作已在上一节中简单介绍,下面我们将着重从其他四个方面介绍。

一、消防队伍建设

消防队伍的建立是消防工作的组织保证,物业管理企业应下力建设一支高素质的专群结合的消防队伍,组成以物业管理企业为主,住用人为辅的消防管理网络。

(一)专职消防人员

物业管理企业应根据所管物业的类型、档次、数量、设立相应的专职消防管理人员,负责消防工作的管理、指导、检查、监督与落实。

其主要任务是进行消防值班、消防检查、消防培训、消防器材的管理与保养和协助公安消防队的灭火工作。

(二)义务消防队

义务消防队是群众性的基层消防组织,是我国消防力量中的一个重要组成部分。义务消防队的主要工作是预防工作。

二、消防制度制定

物业管理企业应根据所管物业的实际情况,制订出适合所管物业的消防制度和防火规定,目的是避免火灾事故的发生。

(一)消防制度的内容

1. 消防岗位责任制度

《中华人民共和国消防法》第十四条明确指出:机关、团体、企业、事业单位应当履行下列消防安全职责:

(1)制定消防安全制度、消防安全操作规程;

(2)实行防火安全责任制,确定本单位和所属各部门、岗位的消防安全责任人;

(3)针对本单位的特点对职工进行消防宣传教育;

(4)组织防火检查,及时消除火灾隐患;

(5)按照国家有关规定配置消防设施和器材、设置消防安全标志,并定期组织检验、维修,确保消防设施和器材完好、有效;

(6)保证疏散通道、安全出口畅通,并设置符合国家规定的消防安全疏散标志。

居民住宅区的管理单位,应当依照前款有关规定,履行消防安全职责,做好住宅区的消防安全工作。

根据"谁主管、谁负责"的原则,建立各级领导负责的逐级消防岗位责任制,上至企业经验,下至消防员,都对消防负有一定责任。

2. 消防值班制度

对于消防值班员,应制定出工作职责与要求,交接班制度,定时巡视,定期对消防设备、设施进行检查和保养。

3. 消防档案管理制度

建立完善的消防档案资料,对火灾隐患、消防设备状况、重点的消防部位都要记录在案,以备可查。

4. 组织消防演练及培训

（二）防火规定

防火规定指从预防的角度出发，对易起火灾的各种行为做出规定，以杜绝火灾隐患。主要有：消防设施、设备的使用、维护、管理规定；公共楼道、楼梯、出口等部位的管理规定；房屋修缮和装修中明火使用规定；电气设备安全使用规定；易燃、易爆物品的安全存放、贮运规定等。

三、消防设施、器材的配备与管理

在楼宇内应常备一些消防器材，有些楼宇还应安置一些消防装置。有专职消防队的物业公司，还应备有消防车和其他消防设备。

（一）消防栓

高层楼宇和商贸楼宇在设计时在适当部位安置消防栓，遇有险情及时扑救。

（二）灭火器

灭火器是一种比较方便，容易操作的灭火器材。火灾初起时，完全有可能用灭火器控制火势，因此楼宇适当部位都要安置灭火器。常用的灭火器形式主要有两种，即泡沫灭火器和干粉灭火器，可根据火灾情况选用。

（三）自动喷水灭火系统

自动喷水灭火系统是按照适当的间距和高度装置一定数量喷头的供水灭火系统，它主要由喷头、阀门报警控制装置和管道附件等组成，具有安全可靠、控制灭火成功率高；结构简单、养护方便；使用时间长、一般可保持几十年完好无损，灭火成本低、且对环境无污染；可用电子计算机进行监控，便于集中管理和分区管理，自动化程度高，适用范围宽等优点。目前，一些高档公寓、别墅、酒店以及商贸楼宇都已安装了这种装置。

（四）火灾自动报警系统

火灾自动报警系统是用于探测初期火灾时发出，以使采取相应措施，如疏散人员、呼叫消防队、启动灭火系统、操作防火门、防火卷帘、防烟排烟机等系统，自动报警系统有 3 种形式：

1. 区域报警系统

由火灾探测器、手动火灾报警按钮及区域火灾报警控制器组成，适用于小范围的保护。

2. 集中报警系统

由火灾探测器、手动火灾报警按钮、区域火灾报警控制器和集中火灾报警控制器组成，适用于较大范围内多个区域的保护。

3. 控制中心报警系统

由火灾探测器，手动火灾报警按钮，区域火灾报警控制器和消防控制设备等组成，适用于大型建筑的保护，系统容量大，能完成较复杂的输出控制程序，消防设施控制功能较全。

（五）消防设施、器材的管理

消防措施、器材最大的特点是平时不使用，只有在发生火险时才使用，必须确保其随时处于完好状态，随时可以启用。为此，政府部门和物业管理企业都必须强化对消防设施、器材的管理。

政府管理部门通过制定严格的消防法规，制定了消防合格证制度。对新建房屋，必须经过对消防设施、设备的检查,符合消防要求和安全规定后,颁发消防合格证。任何建筑,只有取得消防合格证后,才可投入使用。与此同时,建立消防工作的检查监督制度,在重大节假日、火灾易发季节及每年都要进行消防工作检查,重点是查制度落实、查设施完好、查火灾隐患。

物业管理企业则主要负责消防设施、器材的日常管理、保养和维修。通过专人定期的巡视、检查、保养和发现问题的及时解决,确保各类消防设施、器材随时处于完好状态。消防设施的维修需要专门的技术,特别是一些关键设备,应聘请持有合格消防牌照的专业公司。

第三节　高层民用建筑防火设计简介

随着城市发展的需要,高层建筑越来越多,这就给物业管理者带来了新的课题,作为物业项目的管理与服务工作者,应该掌握一些高层建筑的防火设计常识,以便在日后的管理与服务工作中引起重视,杜绝一切可能发生火灾事故的隐患,确保所管项目的安全与正常的使用。

一、建筑分类和耐火等级

建筑物的分类和耐火等级及构件的燃烧性能是非常重要的基本概念

1. 建筑分类

高层建筑应根据其使用性质、火灾危险性、疏散和扑救难度等进行分类,详见表7-1。

建 筑 分 类
表 7-1

名　称	一　　类	二　　类
居住建筑	高级住宅十九层及十九层以上的普通住宅	十至十八层的普通住宅
公共建筑	1. 医院 2. 高级旅馆 3. 建筑高度超过50m或每层建筑面积超过1000m² 的商业楼、展览楼、综合楼、电信楼、财贸金融楼 4. 建筑高度超过50m或每层建筑面积超过1500m² 的商住楼 5. 中央级和省级(含计划单列市)广播电视楼 6. 网局级和省级(含计划单列市)电力调度楼 7. 省级(含计划单列市)邮政楼、防灾指挥调度楼 8. 藏书超过100万册的图书馆、书库 9. 重要的办公楼、科研楼、档案楼 10.建筑高度超过50m的教学楼和普通旅馆、办公楼、科研楼、档案楼	1. 除一类建筑以外的商业楼、展览楼、综合楼、电信楼、财贸金融楼、商住楼、图书馆、书库 2. 省级以下的邮政楼、防灾指挥调度楼、广播电视楼、电力调度楼 3. 建筑高度不超过50m的教学楼和普通旅馆、办公楼、科研楼、档案楼等

2. 耐火等级

高层建筑的耐火等级应分为一、二级,其建筑构件的燃烧性能和耐火极限不应低于表7-2的规定。

建筑构件的燃烧性能和耐火极限 表 7-2

构件名称		燃烧性能和耐火极限(h)	耐火等级	
			一 级	二 级
墙	防火墙		不燃烧体 3.00	不燃烧体 3.00
	承重墙、楼梯间、电梯井和住宅单元之间的墙		不燃烧体 2.00	不燃烧体 2.00
	非承重外墙、疏散走道两侧的隔墙		不燃烧体 1.00	不燃烧体 1.00
	房间隔墙		不燃烧体 0.75	不燃烧体 0.50
柱			不燃烧体 3.00	不燃烧体 2.50
梁			不燃烧体 2.00	不燃烧体 1.50
楼板、疏散楼梯、屋顶承重构件			不燃烧体 1.50	不燃烧体 1.00
吊顶			不燃烧体 0.25	难燃烧体 0.25

二、总平面布局和平面布置

高层建筑的总平面布局和平面布置应符合防火设计要求,只有如此才能保证在今后的日常使用过程中有安全的保证。

1. 一般规定

在进行总平面设计时,应根据城市规划,合理确定高层建筑的位置、防火间距、消防车道和消防水源。

2. 防火间距

高层建筑之间及高层建筑与其他民用建筑之间的防火间距不应低于表 7-3 的规定。

高层建筑之间及高层建筑与其他民用建筑之间的防火间距(m) 表 7-3

建筑类别	高层建筑	裙 房	其他民用建筑		
			耐火等级		
			一、二级	三 级	四 级
高层建筑	13	9	9	11	14
裙 房	9	6	6	7	9

3. 消防通道

根据《高层民用建筑设计防火规范》的规定,高层建筑的周围,应设环行消防车道。消防车道的宽度不应小于 4m。消防车道距高层建筑外墙宜大于 5m,消防车道上空 4m 以下范围内不应有障碍物。

三、防火、防烟分区和建筑构造要求

1. 防火和防烟分区

高层建筑内应采用防火墙等划分防火分区,每个防火分区允许最大建筑面积不应超过表 7-4 的规定。

每个防火分区的允许最大建筑面积　　　　　　表 7-4

建筑类别	每个防火分区建筑面积(m²)	建筑类别	每个防火分区建筑面积(m²)
一类建筑	1000	地下室	500
二类建筑	1500		

注:1. 设有自动灭火系统的防火分区,其允许最大建筑面积可按本表增加 1.00 倍;当局部设置自动灭火系统时,增加面积可按该局部面积的 1.00 倍计算;

2. 一类建筑的电信楼,其防火分区允许最大建筑面积可按本表增加 50%。

2. 防火墙、隔墙和楼板

防火墙不宜设在 U、L 形等高层建筑的内转角处。当设在转角附近时,内转角两侧墙上的门、窗、洞口之间最近边缘的水平距离不应小于 4m;当相邻一侧装有固定乙级防火窗时距离可不限。

3. 电梯井和管道井

(1) 电梯井应独立设置,井内严禁敷设可燃气体和甲、乙、丙类液体管道,并不应敷设与电梯无关的电缆、电线等。电梯井井壁除开设电梯门洞和通气孔洞外,不应开设其他洞口。电梯门不应采用栅栏门。

(2) 电缆井、管道井、排烟道、排气道、垃圾道等竖向管道井,应分别独立设置;其井壁应为耐火极限不低于 $1H$ 的不燃烧体;井壁上的检查门应采用丙级防火门。

4. 防火门、防火窗和防火卷帘

(1) 防火门、防火窗应划分为甲、乙、丙三级,其耐火极限:甲级应为 $1.2H$;乙级应为 $0.9H$;丙级应为 $0.6H$。

(2) 防火门应为向疏散方向开启的平开门,并在关闭后应能从任何一侧手动开启。

(3) 采用防火卷帘代替防火墙时,其防火卷帘应符合防火墙耐火极限的判定条件或在其两侧设闭式自动喷水灭火系统,其喷头间距不应小于 2m。

(4) 设在疏散走道上的防火卷帘应在卷帘的两侧设置启闭装置,并应具有自动、手动和机械控制的功能。

四、安全疏散和消防电梯

1. 高层建筑每个防火分区的安全出口不应少于两个。但符合下列条件之一的,可设一个安全出口:

(1) 十八层及十八层以下,每层不超过八户、建筑面积不超过 650m²,且设有一座防烟楼梯间和消防电梯的塔式住宅。

(2) 每个单元设有一座通向屋顶的疏散楼梯,且从第十层起每层相邻单元设有连通阳台或凹廊的单元式住宅。

(3) 高层建筑是安全出口应分散布置,两个安全出口之间的距离不应小于 5m。安全疏

散距离应符合表 7-5 的规定。

表 7-5

安全疏散距离

高 层 建 筑		房间门或住宅户门至最近的外部出口或楼梯间的最大距离(m)	
		位于两个安全出口之间的房间	位于袋形走道两侧或尽端的房间
医 院	病房部分	24	12
	其他部分	30	15
旅馆、展览楼、教学楼		30	15
其 他		40	20

2. 疏散楼梯间和楼梯

一类建筑和除单元式和通廊式住宅外的建筑高度超过 32m 的二类建筑以及塔式住宅,均应设防烟楼梯间。防烟楼梯间的设置应符合下列规定:

(1)楼梯间入口处应设前室、阳台或凹廊;

(2)前室的面积,公共建筑不应小于 $6m^2$,居住建筑不应小于 $4.5m^2$;

(3)前室和楼梯间的门均应为乙级防火门,并应向疏散方向开启;

(4)疏散楼梯的最小净宽不应小于表 7-6 的规定。

表 7-6

疏散楼梯的最小净宽度

高层建筑	疏散楼梯的最小净宽度(m)	高层建筑	疏散楼梯的最小净宽度(m)
医院病房楼	1.30	其他建筑	1.20
居住建筑	1.10		

3. 消防电梯:下列高层建筑应设消防电梯

(1)一类公共建筑。

(2)塔式住宅。

(3)十二层及十二层以上的单元式住宅和通廊式住宅。

(4)高度超过 32m 的其他二类公共建筑。

(5)高层建筑消防电梯的设置数量应符合下列规定:

1)当每层建筑面积不大于 $1500m^2$ 时,应设 1 台;

2)当大于 $1500m^2$ 但不大于 $4500m^2$ 时,应设 2 台;

3)当大于 $4500m^2$ 时,应设 3 台;

4)消防电梯可与客梯或工作电梯兼用,但应符合消防电梯的要求。

(6)消防电梯的载重量不应小于 800kg。

五、消防给水和灭火设备

(1)高层建筑必须设置室内、室外消火栓给水系统。

(2)高层建筑的消防用水总量应按室内、外消防用水量之和计算。

(3)室内消防给水系统应与生活、生产给水系统分开独立设置。

(4)建筑高度超过 100m 的高层建筑,除面积小于 $5m^2$ 的卫生间、厕所和不宜用水扑救的部位外,均应设自动喷水灭火系统。

课后阅读参考材料

1. 《中华人民共和国消防条例》
2. 《中华人民共和国消防条例实施细则》
3. 《易燃易爆化学物品消防安全监督管理办法》
4. 《集市贸易市场消防安全管理办法》
5. 《公共娱乐场所消防安全管理规定》
6. 《高层建筑消防管理规定》
7. 《企事业单位专职消防队组织条例》
8. 《天津市消防管理条例》
9. 《高层全用建筑设计防火规范》
10. 《建筑设计防火规范》

复 习 思 考 题

1. 何谓耐火极限?
2. 高层建筑的耐火等级分为几个等级? 说出其依据。
3. 哪些高层建筑应设置消防电梯?

第八章 人 文 环 境

《物业管理条例》第一条明确指出：为了规范物业管理活动，维护业主和物业管理企业的合法权益，改善人民群众的生活和工作环境，制定本条例。这里所说的生活和工作环境需要物业管理企业和全体业主的双方的共同努力。因此，不仅物业管理企业要搞好自身的精神文明建设，而且全体业主也要搞好居民区内的精神文明建设。

第一节 物业管理企业的精神文明建设

物业管理公司是指专门从事地面建筑物及其附属设施和环境的科学管理，采取有偿服务方式为业主、用户提供良好的工作和居住环境，具有独立法人资格的经济实体。

为了不断提高物业管理企业的竞争能力，不但需要加强物业环境的综合管理，而且更要加强企业文化建设，提高员工的综合素质，在搞好综合环境管理的同时，着力抓好企业文化的建设。因为物业管理公司的企业文化和企业精神是整个企业服务水平的直接体现，反映出企业的精神面貌，物业公司除了应做好物业内的各项硬件管理，如环境卫生、道路、绿化等也要注重软件管理，如企业文化与企业精神以及提高社区内业主和使用人的精神文明行为，才能真正搞好综合环境管理与服务工作。

一、物业管理企业的精神文明建设

提高物业管理企业的整体素质，要加强企业文化的建设，提高员工的综合素质。抓好企业文化建设。所谓的企业文化，就是指企业职工的共同意识（企业价值观）企业组织的成熟性及经营者的领导艺术等，用一个词来概括就是企业文化。

企业文化对企业的发展、企业经营、企业管理之重要，主要原因在于它是企业之魂。在西方，越来越多的管理工作者发现，在经营得最成功的公司里，居第一位的并不是严格的规章制度或利润指标，更不是计算机或任何一种管理工具、方法、手段，甚至也不是科学技术，而是所谓的企业文化或公司文化。

作为物业管理企业，应从以下几方面抓好企业文化建设。

（一）注重员工政治思想素质的提高

公司应结合实际在员工中开展爱国主义、法制、纪律、职业道德等方面的教育，着力提高广大员工的思想觉悟，树立正确的世界观、人生观、价值观和道德观。抓好员工的职业道德规范教育，树立良好的队伍形象，造就和培育出一支高素质的员工队伍。

（二）注重员工业务素质的提高

企业的竞争实际是人才竞争。物业管理企业要有计划、有系统地组织员工进行业务培训。通过多种形式、多层次、多渠道组织培训业务骨干。员工素质的提高，为企业在激烈的竞争中站稳脚跟，为企业的发展奠定基础。

（三）加强企业民主管理，实行民主对话制

加强企业民主管理,使员工弘扬主人翁精神,参与到管理工作之中去。调动员工的积极性,创造民主管理的氛围,从而强化了主人翁意识及对企业工作的参与意识,为企业发展多做贡献的责任感。

二、公司的企业精神

培育反映时代特色、突出企业特点的企业精神,是建设企业文化的重要内容,物业管理企业根据所管物业的不同类型,形成自己企业独具特征的企业精神、歌曲和标志。

（一）企业精神

在员工中反复宣传,逐步为广大员工熟悉与遵守,以此激励员工的意志,使企业保持奋发进取的精神状态。

如:有的公司提出:竭诚、同心、求实、图强的八字方针。

又如:有的公司提出:全员服务、全员保洁、全员保安、管人要严、待人要厚、多劳多得、人才多得、一视同仁、鼓励上进、开源节流的四十字方针。

以上这些物业在实践中摸索出反映企业特点的企业精神。

（二）公司的广告宣传口号

在目前的物业管理企业中,服务竞争的意识非常强烈,他们的宣传口号有:"以人为本,服务至上";还有:"宾客至上,质量第一"这些服务口号的提出,实际上也是物业管理企业精神的文明建设的重要内容。

三、物业管理中的礼仪接待和服务

（一）礼仪接待的基础知识

讲究礼貌、礼节是社会文明的一种体现,它不仅有助于维护整个社会的安定团结,而且有利于社会的健康发展。物业管理行业属于服务行业,讲究礼貌、礼仪对搞好物业管理工作具有重大意义,是搞好物业管理服务工作的先决条件。

1. 基本礼节

一般说来,礼仪接待服务工作中最基本的礼节分为两类:一类是体现在语言上的礼节,称呼礼节、问候礼节、应答礼节;另一类是体现在行为举止上的礼节,有迎送礼节、操作礼节和次序礼节。

（1）称呼礼节:称呼礼节是指服务接待人员在日常工作中与来宾交谈或沟通信息时应恰当使用的称呼。

1）最为普通的称呼是"先生"、"太太"和"小姐"。当我们得悉宾客的姓名之后,"先生"、"太太"和"小姐"这三种称呼就可以与其姓氏或姓名搭配使用,如:"王先生"、"张太太"、"李小姐"等,这能表示对他们的熟悉和重视。

2）遇到有职位或职称的先生,可在"先生"一词前冠以职位或职称,如"总裁先生"、"教授先生"等。

3）对于政府官员、外交使节或军队中的高级将领,最好再加上"阁下"二字,以尊敬,如"总统先生阁下"、"大使先生阁下"、"将军先生阁下"等。

在服务接待中,切忌使用"喂"来招呼宾客,即使宾客离你距离较远,也不能这样高声称呼,而应主动上前去恭敬称呼。

（2）问候礼节:问候礼节是指服务接待人员日常工作中根据时间、场合和对象,用不同的礼貌语言向宾客表示亲切的问候和关心。

1) 与宾客初次相见时应主动说:"您好,欢迎光临";一天中不同时间遇见宾客可分别说"早上好"、"下午好"、"晚上好"。

2) 根据工作情况需要,用上述问题语还可跟上"我能帮您做些什么?"或"需要我帮忙吗"。

3) 在接待外宾时,应按照外宾习惯来表示问候,如"How do you do?"(只能用在初次见面),"How are you, Mr Black?"(用于熟人)

4) 在向宾客送行或道别时,应注意用问候语,可以说"再见"、"晚安"、"明天见"、"欢迎再次光临"等。

(3) 应答礼节:应答礼节是指服务接待中在回答宾客问话时的礼节。

1) 应答宾客的询问时要站立说话,不能坐着回答;要思想集中,全神贯注地去聆听,不能侧身目视他处、心不在焉;交谈过程中要始终保持精神振作、不能垂头丧气、有气无力;说话时应面带笑容、亲切热情,不能表情冷漠、反应迟纯,必要时还需借助表情和手势沟通和加深理解。

2) 如果宾客的语速过快或含糊不清,可以亲切地说"对不起,请您说慢一点";"对不起,请您再说一遍好吗?"而不能说"我不懂,你找别人去",也不能不懂装懂,答非所问。

3) 对于一时回答不了或回答不清的问题,可先向宾客致歉,待查询或请示后再向问询者作答。

4) 回答宾客的问题还要做到语气婉转、口齿清晰、语调柔和、声音大小适中。同时在回答问题时,要自动地停下手中的其他工作。

5) 对宾客合理的要求应尽量迅速作出答复,对宾客过分或无理的要求要能沉住气,婉言拒绝,可以说:"很抱歉,我无法满足您的这种要求","这种事我需要同主管商量一下"等等。要表现出热情、有教养、有风度。

(4) 迎送礼节:迎送礼节是指礼仪接待服务人员在迎送宾客时的礼节。这种礼节不仅体现了我们对来宾的欢迎和重礼,而且也反映了接待的规格和服务的周到。

(5) 操作礼节:是指礼仪接待服务人员在日常业务工作中的礼节。如:引导礼节、电梯手势等。

(6) 次序礼节:针对坐、行、上车等行动的排序。

1) 坐:室内:面对门为大。座位:多数国家以右为尊。

2) 行:右为大,左为小。两人同行,右为尊。三人并行,中为尊;三人前后行,前者为尊。

3) 上车:尊者从右门先上车,坐右位。位低者绕车后从左门上,坐左位。后排(三座)次序为:③①②或②③①。

(二) 仪容仪表和礼貌用语

(1) 员工必须经常保持服装整齐清洁,并按规定佩带员工证,自觉爱护工作制服。

(2) 男员工头发以发脚不盖过耳部及后衣领为适度、不准留小胡子。

(3) 女员工不得披头散发,头发不宜过长,以不超过肩部为适度。要保持淡雅清妆,不得浓妆艳抹、染指甲,并避免使用味浓的化妆用品。

(4) 员工不得染怪异发色,梳怪异发型,应勤修剪头发、指甲、保持清洁。员工的仪容仪表包括男员工、女员工、非制服员工,都要从发式、耳饰、面容、口腔、手、鞋、袜子、衣服、身体、整体等各个方面做出统一的标准。

(5)礼貌用语(五十句)根据我国的传统习惯及物业管理公司的多年实践,常用的礼貌用语可概括如下:

礼貌服务用语五十句

1)请!	26)您先请。
2)您好!	27)您请讲。
3)欢迎。	28)请您放心!
4)恭候。	29)请多关照。
5)久违。	30)请跟我来。
6)奉陪。	31)欢迎光临!
7)拜访。	32)欢迎再来!
8)拜托。	33)请不要着急。
9)请问?	34)请慢慢地讲。
10)请进!	35)让您久等了!
11)请坐!	36)给您添麻烦了。
12)谢谢!	37)希望您能满意!
13)再见!	38)请您再说一遍。
14)对不起。	39)请问您有什么事?
15)失陪了。	40)请问您是否找人?
16)很抱歉!	41)我能为您做什么?
17)请原谅。	42)很乐意为您服务!
18)没关系!	43)这是我应该做的。
19)别客气!	44)把您的需求告诉我。
20)不用谢!	45)我会尽量帮助您的。
21)请稍等。	46)我再帮您想想办法。
22)请指教。	47)请随时和我们联系。
23)请当心!	48)请您多提宝贵意见!
24)请走好。	49)有不懂的地方您尽量问。
25)这边请。	50)您的需要就是我的职责。

四、物业管理的 CI 设计简介

(一)概述

　　CI 是 CIS 的简称。CIS 是 Corporate Identity System 的缩写。Corporate 意思是"法人组织","社会财团",即现代企业组织形式——公司;Identity 的含义是"自身",也就是指区别于它物的"个性";System 的含义是"系统",三词连缀起来的意思,就是企业识别系统。一般说来,学者们认为 CIS 是出三个相互有关联的系统所构成的,即理念识别系统、行为识别系统、视觉识别系统。(MIS、BIS、VIS)

　　1. 理念识别系统(Mind Identity System)

　　所谓理念识别系统,是指一个企业的企业理念的定位,形成自己独特的企业理念以区别于其他同类企业,从而树立起企业在市场中的形象。企业理念是一个综合的概念,它也包括三个基本要素,即企业的存在意义、经营状况与行为规范。

2. 行为识别系统（Behavior Identity System）

行为识别是指企业围绕企业的理念识别系统而给予社会的种种形象及其行为准则。它是企业理念中行为规范的物化表现。它大致包括企业的对外行为活动和对内行为活动。前者有市场调查、促销活动、社会公益性及文化性活动等等。后者是指企业的生产管理、员工教育（包括敬业精神、服务水平、应接技巧、行为准则）等等。

3. 视觉识别系统（Visual Identity System）

视觉识别系统是一项基于 MIS 和 BIS 而形成的，围绕企业的标识、企业名称的系统工程。它是通过统一设计企业的标准标识或商标的标准字体、装饰图案和线条，来装饰企业的各种建筑物和活动场所及一切用品，使社会公众从视觉角度、从整体认识企业的独立系统形象。

（二）CI 设计和物业管理品牌战略

CI 战略实施的基本步骤可分为以下几方面：

1. 制定明确的企业理念与企业战略目标

2. 设计一流的形象概念

3. 制作形象概念（如企业标志、商标、企业造型）

4. 全方位地应用外部标志

5. 重视对员工进行 CI 教育与管理

物业管理公司的品牌，实际上就是实力的象征，也就是管理的实力和经济实力的象征。在市场经济的今天，物业公司要想在竞争中求生存，就一定要讲品牌、拼实力，才能立于不败之地。

第二节　住宅小区的精神文明建设

我国社会化、专业化、企业化、经营型的物业管理是从城市新建住宅小区开始起步并逐步推广发展起来的。随着物质生活的不断提高，人们对精神生活的追求和需要也逐步提高。而物业管理企业在抓好各项综合环境治理的同时，也要注意住宅小区的精神文明建设，因为它从另一侧面，反映出住宅区内的精神风貌，因此抓好精神文明建设，也是综合环境管理的重要工作内容。

一、精神文明建设在物业管理中的地位

首先，精神文明建设是住宅小区物业管理的重要内容之一，是优秀管理小区达标考核的基本指标。其次，住宅小区的精神文明建设是城市社会主义精神文明建设的重要组成部分。

精神文明建设的特征，表现为居住在同一地区的人们之间的人际关系、社会纪律、社会公德，以及制约人们的思想行为规范的法律、管理条例和规章制度等。

通过小区的精神文明建设，提倡文明、健康科学的生活方式，培养居民的正确思维方式、行为准则和开放向上、积极进取的精神；树立有理想、有道德、有文化、有纪律的四有观念，创造一个具有良好的人际关系、社会公德的社会环境，使住宅小区成为安乐祥和、安居乐业的场所。

二、住宅小区精神文明建设的基本内容

住宅小区的精神文明建设应遵循《中共中央关于社会主义精神文明建设指导方针的决议》精神,结合居民的实际情况,确定精神文明建设的具体内容。从总体上讲,有以下几个层次:

（一）开展精神文明建设,制定住宅小区居民精神文明公约

居民要自觉遵守住宅小区的各项规章制度,遵守和维护公共秩序,爱护公共财物,提倡居民邻里互助、文明居住、文明行为、关心孤寡老人和残疾人。

（二）完善文体设施,开展文体活动

为了丰富小区居民的业余生活、密切邻里感情、协调人际关系、提高广大居民的参与意识,要多多组织文体活动,有利于促进安定团结和社会稳定。

（三）建设高雅社区文化,培养健康社区精神

小区居民长期生活、学习、工作在同一空间,彼此之间相互交往、沟通和影响,造成了特定的社会形成一个小社会。"社区精神"是住宅小区居民的精神状态和思想行为的综合反映。而社区文化则是社区精神的载体。

三、物业管理中的社区建设

（一）社区和社区建设概述

对于社区(Community),是指人们的集体,这些人占有一些地理区域,共同从事经济活动和政治活动,基本上形成一个具有某些共同价值标准和相互从属的心态、自治的社会单位,城市、城镇、乡村或教区就是例子……。

根据国内目前社区建设的情况,把其界定为:社区是社会学概念,实是指一个相对独立和稳定的地域,以及在该地域上由某种关系而产生的某些共同意识、利益和行为的人群组成的一种相对完整的有机体。因此,构成社区至少应具备四个要素:

（1）有相对独立和稳定的区域。

（2）有一定关系和数量的人口集团。

（3）有公共利益的管理机构。

（4）居民有地域上的归属感、参与感和心理上的认同感,及由此产生某些集体的意识和行为。

在美国,由于传统观念的关系,全国50％以上的人口居住在郊区,他们处理社区定位问题非常简单,而且阶级等级偏见十足,主要是通过提高房地价,以此来选择左邻右舍,不让下层社会的人搬进中、上阶层的社区,因而把贫民窟问题遗留给老城区。因此,无论老城区,还是新的郊区住宅,由于具有共同习俗与价值观念的同质人口所组成的社区与社区中心也就"物以类聚,人以群分"了。

而东方的传统不是这样。中国人的传统观念建立在血缘的守法关系基础上,讲究"亲不亲,故乡人"。非常重视群体利益。人们的内心还是有一种睦邻、互助、富有人情味的价值观念回归,这就需要提出新的社区文化建设。

（二）社区建设和物业管理的关系

社区是城市的细胞,社区建设是城市建设的基础。在市场经济发展的今天,大批的新住宅拔地而起,需要物业管理;旧式公房售后管理也需要物业,办公楼、商业楼更需要有物业管理。那么物业管理与社区存在着必然的联系。

物业管理公司是社区硬件的管理者,也是社区居民的服务者。作为市场经济的产物,物业管理全方位综合服务的特点和提供高效、优质的劳务商品化的本质要求,使它与社区服务的职能完全一致,故义不容辞地成为社区建设的主要承担者,并由此而成为社区管理的重要角色。

社区建设与物业管理有一个最基本的共同点,就是均是"以人为本"开展活动,为人的生存、发展、享受提供各种方便。但是两者也各有侧重点。物业管理主要从完善物业及周围环境的功能来体现以人为中心,为社区创造清洁、优美、舒适、方便、文明、安全的居住环境,不仅对人们的生理还是心理都会产生重大影响,使生活在这种环境中的人们精神得到享受、情操得到陶冶,促进人们的思想、精神、道德得以升华。而社区建设则着眼于协调人际关系,通过建立良好的人际关系来体现以人为中心的各项建设。它是通过社区文化项目的建设,社会文明扭转的塑造、社会生活服务项目的展开,以及社区意识的培养与精神文明建设等多种途径,来实现"居住安定放心,环境优美舒心,生活方便称心,文化娱乐欢心"的目标。

总之,居住条件和环境的改善,一靠加快住宅建设、二靠完善的物业管理。从某种意义上讲,管更重于建。完善的物业管理,可弥补物业建造过程中的各种不足和缺陷,确保为广大住户提供一个清洁、安全、和谐的环境。为此,做好的物业管理企业的精神文明建设以及做好住宅小区的精神文明建设非常重要,因为,它直接反映出管理者与被管理者的精神风貌,也将是社会效益、经济效益及环境效益的共同体现。

课后阅读参考材料

1. 《全国优秀管理住宅小区标准》1995 年 3 月 11 日建房[1995]120 号文件
2. 《中共中央关于社会主义精神文明建设指导方针的决议》
3. 《中华人民共和国城市居民委员会组织法》

复习思考题

1. 简述社区的定义。
2. 简述构成社区的四个基本要素。
3. 简述社区建设与物业管理的基本共同点。
4. 简述住宅小区精神文明建设的基本内容。

第九章　环境保护基本知识

环境保护是我国的一项基本国策,随着社会主义现代化建设的发展和经济改革的深入,环境保护工作越来越引起人们的关心和重视。

在经济持续、快速、健康发展的同时,创造一个清洁安静、优美的舒适的劳动和生活居住环境,是广大人民群众及物业管理工作者为之努力奋斗的目标。

环境是人类进行生产和生活活动的场所,是人类生存和发展的物质基础。在《中华人民共和国环境保护法》中,明确指出:"本法所称环境,是指影响人类生存的发展的各种天然的和经过人工改造的自然因素的总体,包括大气、水、海洋、土地、矿藏、森林、草原、野生生物、自然遗迹、人文遗迹、自然保护区、风景名胜区、城市和乡村等。"

第一节　环境保护基本知识介绍

为了使居住者得到一个环境优美、清洁安静的居住环境,物业管理专业人员应掌握以下相关的环保基本知识。

一、环境管理的八项制度

环境管理的基本制度包括八项内容,目前为了保证各个地区的环境质量,确保各个环境标准的实现,应严格遵照执行。

(一)"三同时"制度

"三同时"制度是指新建、改建、扩建项目和技术发生项目以及区域性开发建设项目的污染治理设施必须与主体工程同时设计、同时施工、同时投产的制度。它与环境影响评价制度相辅相成,是防止新污染和破坏的两大"法宝",是全国环境保护法以预防为主的基本原则的具体化、制度化、规范化、是加强开发建设项目环境管理的重要措施,是防止我国环境质量继续恶化的有效经济办法和法律手段。

在 1987 年,国家计委和国务院环境保护委员会联合公布的《建设项目环境保护设计规定》中,对"三同时"制度做了如下规定:

(1)在建设项目的设计阶段,应对建设项目建成后可能造成的环境影响进行简要说明。在可行性研究报告中,应有环境保护的论述。内容包括建设项目周围的环境状况、主要污染源和主要污染物、资源开发可能引起的生态变化、控制污染的初步方案、环境保护投资估算、计划采用的环境标准等。在初步设计中必须有环境保护篇章,内容包括:环境保护的设计依据、主要污染源和不要污染物及排放方式、计划采用的环境标准、环境保护及工艺流程、对生态变化的防范措施、环境保护投资估算等。在施工图设计中,必须按已批准的初步设计文件及环境保护篇章规定的措施进行。

(2)在施工阶段,环境保护设施必须与主体工程同时施工。施工中应保护施工现场周围的环境,防止对自然环境造成不应有的损害,防止和减轻粉尘、噪声、震动等对周围生活环境的污染和危害。

（3）建设项目在正式投产或使用前,建设单位必须向负责审批的环境保护部门提交"环境保 护设施竣工验收报告,"说明环境保护设施运行的情况、治理的效果、达到的标准。

（二）环境影响评价制度

环境影响又称环境质量预断评价,或环境质量预测评价。

环境影响评价是对可能影响环境的重大建设工程、区域开发建设及区域经济发展规划或其他 一切可能影响的活动,在事先进行调查研究的基础上,对活动可能引起的环境影响进行预测和评定,为防止和减少这种影响制定最佳行动方案。

（三）排污收费制度

排污收费制度是指一切各环境排放污染物的单位和个体生产经营者,应当依照国家的规定和标准,缴纳一定费用的制度。

1989 年颁布的《中华人民共和国环境保护法》再次明确了排污收费制度,该法第二十八条规定:"排放污染物超过国家或者地方规定的污染物排放标准的企事业单位,依照国家规定缴纳超标准排污费,并负责治理。"

我国的排污收费制度规定,在全国范围内,对污水、废气、固体废物、噪声、放射性等各类污染物的各种污染因子,按照一定标准收取一定数额的费用,并规定排污费可计入生产成本,排污费专款专用,排污费主要用于补助重点排污源治理等。

（四）环境保护目标责任制

环境保护目标责任制是一种具体落实地方各级人民政府和有污染的单位对环境质量负责的行政管理制度。

环境保护目标责任制的实施过程可分为四个阶段:责任书的制定阶段、下达阶段、实施阶段和考核阶段。

第三次全国环境保护会议规定:地方行政领导者对所管地区的环境质量负责。

（五）城市环境综合整治定量考核

城市环境综合整治就是在市政府的统一领导下,以城市生态理论为指导,以发挥城市综合功能和整体最佳效益为前提,采用系统分析的方法,从总体上找出制约和影响城市生态系统发展的综合因素,理顺经济建设、城市建设和环境建设的相互依存又相互制约的辩证关系,用综合的对策整治、调整、保护、塑造城市环境、为城市人民群众创建一个适宜的生态环境,使城市生态系统良性发展。

1988 年国家发布了《关于城市环境综合整治定量考核的决定》。该制度内容包括五个方面,二十一项指标。五个方面是:大气环境保护;水环境保护;噪声控制;固体废弃物处置和绿化。二十一项指标:大气总悬浮微粒年日平均值;二氧化硫年日平均值;区域环境噪声平均值;城市交通干线噪声平均值;饮用水源水质达标率;地面水 COD 平均值;区域环境噪声平均值;城市交通干线噪声平均值;城市小区环境噪声达标率;烟尘控制区覆盖率;工业尾气达效率;汽车尾气达标率;万元产值工业废水排放量;工业废水处理率;工业废水处理达标率;工业固体废物综合利用率;工业固体废物处理处置率;城市气化率;城市热化率;民用型煤普及率;城市污水处理率;生活垃圾清运率和城市人均绿地面积。

由二十一项指标来看,大气方面的有八项,满分 35 分;水方面六项,满分值 30 分;固体废物方面三项,满分值 15 分,噪声方面三项,满分值 15 分,绿化方面一项,满分值 5 分。由此可见,就城市环境来说,只要解决了大气环境和水环境方面的问题,就解决了大部分的环境问题。

（六）污染集中控制

污染集中控制是在一个特定的范围内,为保护环境所建立的集中治理设施和采用的管理措施,是强化环境管理的一种重要手段。

（七）排污申报登记和排污许可证制度

排污申报登记制度是环境行政管理的一项特别制度。凡是排放污染物的单位,须按规定向环境保护管理部门申报登记所拥有的污染物排放设施,污染物处理设施和正常作业条件下排放污染物的种类、数量和浓度。

排污许可证制度以改善环境质量为目标,以污染物总量控制为基础,规定排污单位许可排放什么污染物、许可污染物排放量等,是一项具有法律含义的行政管理制度。

（八）限期治理污染制度

限期治理是以污染源原因、评价为基础,以环境保护规划为依据,突出重点,分期分批地对污染危害严重,群众反映强烈的污染物、污染源、污染区域采取的限定治理时间、治理内容及治理效果的强制性措施,是人民政府为了保护人民的利益对排污单位采取的法律手段。限期治理污染是强化环境管理的一项重要制度。

以上环境管理的八项制度,是环境保护部门依法行使环境管理职能的主要方法和管理依据,也是物业管理者必须了解的管理依据。

二、环境标准体系

环境标准体系是各个具体环境标准按其内在联系组成的科学的整体系统。

环境标准是有关控制污染、保护环境的各种标准的总称。环境标准是进行环境保护工作的技术规则,又是进行环境监督、环境监测、评价环境质量、实施环境管理的重要依据。

（一）环境标准的种类

目前世界上对环境标准没有统一的分类方法,可以按适用范围划分,按环境要素划分,也可按标准的用途划分。

按标准的适用范围可分为:国家标准、地方标准和行业标准。

按环境要素划分为:大气控制标准、水质控制标准、噪声控制标准、土壤控制标准等。其中对单项环境要素又可按不同的用途再细分,如水质控制标准又可分为饮用水水质标准、渔业水水质标准、农田灌溉水质标准、海水水质标准、地面水环境质量标准等。

各国家应用最多的是按标准的用途划分,一般可分为环境质量标准、污染物排放标准、污染物控制技术标准、污染警报标准和基础方法标准等。

（二）我国的环境标准体系

我国根据环境标准的适用范围、性质、内容和作用,实行三级五类标准体系。

三级是:国家标准、地方标准和行业标准。

五类是:环境质量标准、污染物排放标准方法标准、样品标准和基础标准。

截止1994年底,我国已颁布各类环境标准325项。对于几种常用的环境标准,它应该成为物业管理工作者了解和掌握的重要指标,以便在对居住区物业、工业厂房、商贸楼宇等不同类型的物业实施管理过程中,达到国家环境保护标准的要求。为在物业中劳动、生活居住的广大业主,提供一个良好的工作、生活环境。

第二节　几种常用的环境标准

物业管理企业工作人员应该掌握几种常用环境标准,以保证所管辖区域内的各项环境指标达到国家统一标准。

一、水质标准

物业区域内常见的几种水质标准如下:

(1) 生活饮用水卫生标准(TJ 20—76),见表9-1。

生活饮用水卫生标准(TJ 20—76)　　　　　　　　　　　　　　表 9-1

编　号	项　目	标　准
	感官性状指标:	
1	色	色度不超过 15 度,并不得呈现其他异色
2	浑浊度	不超过 5 度
3	臭和味	不得有异臭、异味
4	肉眼可见物	不得含有
	化学指标:	
5	pH 值	6.5~8.5
6	总硬度(以 CaO 计)	不超过 250mg/L
7	铁	不超过 0.3mg/L
8	锰	不超过 0.1mg/L
9	铜	不超过 1.0mg/L
10	锌	不超过 1.0mg/L
11	挥发酚类	不超过 0.002mg/L
12	阴离子合成洗涤剂	不超过 0.3mg/L
	毒理学指标:	
13	氟化物	不超过 1.0mg/L,适宜浓度 0.5~1.0mg/L
14	氰化物	不超过 0.05mg/L
15	砷	不超过 0.04mg/L
16	硒	不超过 0.01mg/L
17	汞	不超过 0.001mg/L
18	镉	不超过 0.01mg/L
19	铬(六价)	不超过 0.05mg/L
20	铅	不超过 0.1mg/L
	细菌学指标:	
21	细菌总数	1mL 水中不超过 100 个
22	大肠菌群	1L 水中不超过 3 个
23	游离性余氯	在接触30分钟后应不低于 0.3mg/L,集中式给水除出厂水应符合上述要求外,管网末梢水不低于 0.05mg/L

注:分散式给水的水质,其毒理学指标应符合本条规定,其他指标如暂时达不到水质标准时,有关部门应发动群众,积极开展爱国卫生运动,改善环境卫生,采取行之有效的饮水净化措施,不断提高给水水质。

(2) 地面水水质卫生要求(TJ 36—79),见表9-2。

指 标	卫 生 要 求
悬浮物质色、臭、味	含有大量悬浮物质的工业废水,不得直接排入地面水,不得呈现工业废水和生活污水所特有颜色异臭或异味
漂浮物质	水面上不得出现较明显的油膜和浮沫
pH 值	6.5～8.5
生化需氧量(五日 20℃)	不超过 3～4mg/L
溶解氧	不低于 4mg/L(东北地区渔业水体应不低于 5mg/L)
有害物质	不超过表 3 规定的最高容许浓度
病原体	含有病原体的工业废水和医院污水,必须经过处理和严格消毒彻底消灭病原体后方准排入地面水

(3) 地面水中有害物质的最高容许浓度(TJ 36—79),见表 9-3。

地面水中有害物质的最高容许浓度 表 9-3

编 号	物 质 名 称	最高容许浓度,(mg/L)
1	乙腈	5.0
2	乙醛	0.05
3	二硫化碳	2.0
4	二硝基苯	0.5
5	二硝基氯苯	0.5
6	二氯苯	0.02
7	丁基黄原酸盐	0.005
8	三氯苯	0.02
9	三硝基甲苯	0.5
10	马拉硫磷(40～49)	0.25
11	己内酰胺	接地面水中生化需氧量计算
12	六六六	0.02
13	六氯苯	0.05
14	内吸磷(E059)	0.03
15	水合肼	0.01
16	四乙基铅	不得检出
17	四氯苯	0.02
18	石油(包括煤油汽油)	0.3
19	甲基对硫磷(甲基 E605)	0.02
20	甲醛	0.5
21	丙烯腈	2.0
22	丙烯醛	0.1
23	对硫磷(E605)	0.003
24	乐戈(乐果)	0.08
25	异丙苯	0.25
26	汞	0.001
27	吡啶	0.2
28	钒	0.1
29	松节油	0.2
30	苯	2.5
31	苯乙烯	0.3
32	苯胺	0.1
33	苦味酸	0.5

编　号	物　质　名　称	最高容许浓度，(mg/L)
34	氟化物	1.0
35	活性氯	不得检出(按地面水需氧量计算)
36	挥发酚类	0.01
37	砷	0.04
38	钼	0.5
39	铅	0.1
40	钴	1.0
41	铍	0.002
42	硒	0.01
43	铬:三价铬	0.5
	六价铬	0.05
44	铜	0.1
45	锌	1.0
46	硫化物	不得检出(按地面水溶解氧计算)
47	氰化物	0.05
48	氯苯	0.02
49	硝基氯苯	0.05
50	锑	0.05
51	滴滴涕	0.2
52	镍	0.5
53	镉	0.01

注：1. 表9-3和表9-6所列各列指标和有害物质的检验方法，应按卫生部批准的现行《地面水水质监测检验方法》执行；

　　2. 最近用水点是指排出口下游最近的：城镇、工业企业集中式给水取水点上游1000m断面处，或农村生活用水集中取水点；

　　3. 在城镇、工业企业集中式给水取水点的上游1000m及下游100m的范围内，不得排入工业废水和生活污水；

　　4. 地面水的流量应按最枯流量或95%保证率的最旱年最旱月的平均小时流量计算，污水按排出时最高小时流量计算。

（4）地面水环境质量标准（GB 3838—88），见表9-4。

地面水环境质量标准（单位：mg/L）　　　　　　　　　　表 9-4

序号	标准值　　　　　　　分　类　　参数	Ⅰ　类	Ⅱ　类	Ⅲ　类	Ⅳ　类	Ⅴ　类
	基　本　要　求	所有水体不应有非自然原因所导致的下述物质： a. 凡能沉淀而形成令人厌恶的沉积物； b. 漂浮物，诸如碎片、浮渣、油类或其他的一些引起感官不快的物质； c. 产生令人厌恶的色、臭、味或浑浊度的； d. 对人类、动物或植物有损害、毒性或不良生理反应的； e. 易滋生令人厌恶的水生生物的				
1	水温(℃)	人为千万的环境水温变化应限制在： 夏季周平均最大温升≤1 冬季周平均最大温降≤2				

序号	标准值 分类 参数		Ⅰ 类	Ⅱ 类	Ⅲ 类	Ⅳ 类	Ⅴ 类
2	pH			6.5～8.5			6～9
3	硫酸盐①(以 SO_4^{-2} 计)	≤	250 以下	250	250	250	250
4	氯化物①(以 Cl^- 计)	≤	250 以下	250	250	250	250
5	溶解性铁①	≤	0.3 以下	0.3	0.5	0.5	1.0
6	总锰①	≤	0.1 以下	0.1	0.1	0.5	1.0
7	总铜①	≤	0.01 以下	1.0(渔 0.01)	1.0(渔 0.01)	1.0	1.0
8	总锌①	≤	0.05	1.0(渔 0.1)	1.0(渔 0.1)	2.0	2.0
9	硝酸盐(以 N 计)	≤	10 以下	10	20	20	25
10	亚硝酸盐(以 N 计)	≤	0.06	0.1	0.15	1.0	1.0
11	非离子氨	≤	0.02	0.02	0.02	0.2	0.2
12	凯氏氨	≤	0.5	0.5	1	2	2
13	总磷(以 P 计)	≤	0.02	0.1 (湖、库 0.025)	0.1 (湖、库 0.05)	0.2	0.2
14	高锰酸盐指数	≤	2	4	6	8	10
15	溶解氧	≥	饱和率 90%	6	5	3	2
16	化学需氧量(COD_{Cr})	≤	15 以下	15 以下	15	20	25
17	生化需氧量(BOD_5)	≤	3 以下	3	4	6	10
18	氟化物(以 F 计)	≤	1.0 以下	1.0	1.0	1.5	1.5
19	硒(四价)	≤	0.01 以下	0.01	0.01	0.02	0.02
20	总砷	≤	0.05	0.05	0.05	0.1	0.1
21	总汞②	≤	0.00005	0.00005	0.0001	0.001	0.001
22	总镉③	≤	0.001	0.005	0.005	0.005	0.01
23	铬(六价)	≤	0.01	0.05	0.05	0.05	0.1
24	总铅②	≤	0.01	0.05	0.05	0.05	0.1
25	总氰化物	≤	0.005	0.05(渔 0.005)	0.2(渔 0.005)	0.2	0.2
26	挥发酚②	≤	0.002	0.002	0.005	0.01	0.1
27	石油类②(石油醚萃取)	≤	0.05	0.05	0.05	0.5	1.0
28	阴离子表面活性剂	≤	0.2 以下	0.2	0.2	0.3	0.3
29	总大肠菌群③(个/L)	≤				10000	
30	苯并(a)芘③($\mu g/L$)	≤	0.0025	0.0025	0.0025		

① 允许根据地方水域背景值特征做适当调整的项目;

② 规定分析检测方法的最低检出限,达不到基准要求;

③ 试行标准。

二、大气质量标准

物业区域内常见的几种大气质量标准如下：

（1）大气环境质量标准（GB 3095—82）见表9-5。

大气环境质量标准　　　　　　　　　　　　　　　　表 9-5

污染物名称	取 值 时 间	浓度限值，mg/m³		
		一 级 标 准	二 级 标 准	三 级 标 准
总悬浮微粒	日平均①	0.15	0.30	0.50
	任何一次②	0.30	1.00	1.50
飘　尘	日平均	0.05	0.15	0.25
	任何一次	0.15	0.50	0.70
二 氧 化 硫	年日平均③	0.02	0.06	1.0
	日平均	0.05	0.15	0.25
	任何一次	0.15	0.50	0.70
氮 氧 化 物	日平均	0.05	0.10	0.15
	任何一次	0.10	0.15	0.30
一 氧 化 碳	日平均	4.00	4.00	6.00
	任何一次	10.00	10.00	20.00
光化学氧化剂（O₃）	1h平均	0.12	0.16	0.20

① "日平均"为任何一日的平均浓度不许超过的限值；

② "任何一次"为任何一次采样测定不许超过的浓度限值，不同污染物"任何一次"采样时间见有关规定；

③ "年日平均"为任何一年的日平均浓度均值不许超过的限值。

（2）十三类有害物质的排放标准（GBJ 4—73）见表9-6。

13 类有害物质的排放标准　　　　　　　　　　　　表 9-6

序号	有害物质名称	排放有害物企业	排 放 标 准		
			排气筒高度，m	排放量，kg/h	排放浓度，mg/m³
1	二 氧 化 硫	电　站	30	82	
			45	170	
			60	310	
			80	650	
			100	1200	
			120	1700	
			150	2400	
		冶　金	30	52	
			45	91	
			60	140	
			80	230	
			100	450	
			120	670	
		化　工	30	34	
			45	66	
			60	110	
			80	190	
			100	280	

序号	有害物质名称	排放有害物企业	排放标准		
			排气筒高度,m	排放量,kg/h	排放浓度,mg/m³
2	二硫化碳	化　工	20 40 60 80 100 120	5.1 15 30 51 76 110	
3	硫化氢	化工、轻工	20 40 60 80 100 120	1.3 3.8 7.6 13 19 27	
4	氟化物 （换算成 F）	化　工 冶　金	30 50 120	1.8 4.1 24	
5	氮氧化物 （换算成 NO₂）	化　工	20 40 60 80 100	12 37 86 160 230	
6	氯	化工、冶金 冶　金	20 30 50 80 100	2.8 5.1 12 27 41	
7	氯化氢	化工、冶金 冶　金	20 30 50 80 100	1.4 2.5 5.9 14 20	
8	一　氧　化　碳	化工、冶金	30 ·60 100	160 620 1700	
9	硫酸（雾）	化　工	30～45 60～80		260 600
10	铅	冶　金	100 120		34 47
11	汞	轻　工	20 30		0.01 0.02
12	铍化物（换算成 Be）		45～80		0.015

序号	有害物质名称	排放有害物企业	排 放 标 准		
			排气筒高度，m	排放量，kg/h	排放浓度，mg/m³
13	烟尘及生产性粉尘	电站（煤粉）	30	82	
			45	170	
			60	310	
			80	650	
			100	1200	
		工业及采暖锅炉炼钢	120	1700	200
	烟尘及生产性粉尘	电炉	150	2400	200
		煤钢转炉			
		（小于12t）			200
		（大于12t）			150
		水 泥			150

（3）居住区大气中有害达物质的最高允许浓度（TJ 36—79），见表 9-7。

居住区大气中有害物质的最高容许浓度 表 9-7

编 号	物 质 名 称	最高容许浓度，mg/m³	
		一 次	日 平 均
1	一氧化碳	3.00	1.00
2	乙醛	0.01	
3	二甲苯	0.30	
4	二氧化硫	0.50	0.15
5	二硫化碳	0.04	
6	五氧化二磷	0.15	0.05
7	丙烯腈		0.05
8	丙烯醛	0.10	
9	丙酮	0.80	
10	甲基对硫磷（甲基 E605）	0.01	
11	甲醇	3.00	1.00
12	甲醛	0.05	
13	汞		0.0003
14	吡啶	0.08	0.80
15	苯	2.40	0.80
16	苯乙烯	0.01	
17	苯胺	0.10	0.03
18	环氧氯丙烷	0.20	
19	氟化物（换算成 F）	0.02	0.007
20	氨	0.20	
21	氧经氮（换算成 NO_2）	0.15	
22	砷化物（换算成 As）		0.003
23	敌百虫	0.10	
24	酚	0.02	

编 号	物 质 名 称	最高容许浓度,mg/m³	
		一 次	日 平 均
25	硫化氢	0.01	
26	硫酸	0.30	0.10
27	硝基苯	0.01	
28	铅及其无机化合物(换算成 Pb)		0.0007
29	氯	0.10	0.03
30	氯丁二烯	0.10	
31	氯化氢	0.05	0.015
32	铬(六价)	0.0015	
33	锰及其化合物(换算成 MnO₂)		0.01
34	飘尘	0.50	0.15

注:1. 一次最高容许浓度,指任何一次测定结果的最大容许值;
   2. 日平均最高容许浓度,指任何一日的平均浓度的最大容许值;
   3. 本表所列各项有害物质的检验方法应按卫生部批准的现行《大气监测检验方法》执行;
   4. 灰尘自然沉降量,可在当地清洁区实测数值的基础上增加 3~5t/(km²·月)。

（4）锅炉大气污染物排放标准(GB 13172—91),见表9-8。

锅炉大气污染物排放标准各类区域锅炉烟尘排放标准　　　　　　表 9-8

区域类别	适 宜 地 区	标 准 值	
		最大允许烟尘浓度 mg/m³(标态)	最大容许格林曼 黑度(级)
1	自然保护区、风景游览区、疗养地、名胜古迹区、重要建筑周围	200	1
2	市区、郊区、工业区、县以上城镇	300	1
3	其他地区	400	1

三、噪声标准

物业区域内常见的几种噪声标准如下:

（1）城市区域噪声标准(GB 3096—93),见表9-12;

（2）机动车辆允许噪声标准(GB 1495—79);

（3）机场周围飞机噪声环境标准(GB 9660—88);

（4）工业企业厂界噪声标准(GB 12348—90)。

烟尘浓度与二氧化硫、烟气黑度的排放标准　　　　　　表 9-9

烟尘浓度,mg/m³(标态)			二氧化硫浓度 mg/m³(标态)		格林曼黑度级
一类区	二类区	三类区	燃煤含量硫量≤2%	燃煤含量硫量>2%	
100	250	350	1200	1800	1

注:1992年8月1日起立项新安装或更换的锅炉,其最高允许烟尘与二氧化硫排放浓度、烟气黑度按本表执行。

四、其他标准

物业区域内常见的几种其他标准如下:

（1）城镇垃圾农用控制标准（GB 8172—87）；

（2）城市区域环境振动标准（GB 10070—88）；

（3）辐射防护规定（GB 8703—88）。

五、其他规定

（1）烟尘浓度与二氧化硫、烟气黑度的排放标准见表9-9；

（2）不同种类锅炉的烟尘浓度和黑度见表9-10；

（3）锅炉烟囱高度与锅炉总额定出力见表9-11。

不同种类锅炉的烟尘浓芳和黑度　　　　　表 9-10

限值		烟尘浓度 mg/m³（标态）				林格曼黑度级
		煤的灰分 Ar≤25%		煤的灰分 Ar>25%		
燃烧方式		1993.1.1～1995.12.31	1996.1.1以后	1993.1.1～1995.12.31	1996.1.1以后	
层燃炉	≤2.8MW	2000	1800	2200	2000	1
	>2.8MW	2400	2000	2600	2200	
抛煤机炉		5000		5000		
沸腾炉	循环流化床炉	15000				
	煤矸石	30000				
	其他煤种	20000				

注：锅炉初始排放最高允许烟尘逍度和烟气黑度，根据销售出厂时间按本表执行。

锅炉烟囱高度与锅炉总额定出力　　　　　表 9-11

锅炉总额定出力	MW	<0.7	0.7～<1.4	1.4～<2.8	2.8～<7	7～<14	14～28
	T/h	<1	1～<2	2～<4	4～<10	-10～<20	20～<40
烟囱最低高度,m		20	25	30	35	40	45

城市区域噪声标准（单位：等效声级,分贝（A））　　　　　表 9-12

类别	时间	夜间	类别	时间	夜间
0	50	40	3	65	55
1	55	45	4	70	55
2	60	50			

注：适用区域如下：

1. 0类标准适用于疗养区、高级别墅区、高级宾馆区等特别需要安静的区域,位于城郊和乡村的这一类区域分别按严于0类标准5dB执行；

2. 1类标准适用于以居住区、文教机关为主的区域,乡村居住环境可参照执行该类标准；

3. 2类标准适用于居住、商业、工业混杂区；

4. 3类标准适用于工业区；

5. 4类标准适用于城市中的道路、交通干线道路两侧区域,穿越城区的内河航道两侧区域。穿越城区的铁路主、次干线两侧区域的背景噪声（指不通过列车时的噪声水平）限值也执行该类标准；

6. 监测方法按GB/T 14623执行。

第三节 环境污染及其防治

随着经济发展和人民生活水平的提高,对环境质量的要求也越来越高,环境质量必须与人民生活水平的提高相适应。为了满足人民的需要,必须采取有力措施,对环境污染进行防治,本节主要针对大气、水、噪声的防治进行介绍。

一、大气污染及其防治

地球是宇宙中存在着生命体的一个星球。地球上生命的存在,特别是人类的存在,是与地球具备了生命存在的环境有关,而大气就是必不可少的环境要素之一。

(一)大气结构与组成

地球表面覆盖着多种气体组成的大气,称为大气层。一般是将随地球旋转的大气层叫做大气圈。

大气在垂直方向上的温度,组成与物理性质也是不均匀的。根据大气温度垂直分布的特点,在结构上可将大气圈分为五个气层:

1. 对流层

对流层是大气圈中最接近地面的一层,对流层的平均厚度为 12km。对流层集中了占大气总质量 75% 的空气和几乎全部的水蒸汽量,是天气变化最复杂的层次。对流层具有如下两个特点。

(1)气温随高度增加而降低:由于对流层的大气不能直接吸收太阳辐射的能量,但能吸收地面反射的能量而使大气增温,因而靠近地面的大气温度高,远离地面的空气温度低,高度每增加 100m,气温约下降 65℃。

(2)空气具有强烈的对流运动:近地层的空气接受地面的热辐射后温度升高,与高空冷空气发生垂直方向的对流,构成了对流空气的强烈的对流运动。

对流层中存在着极其复杂的气象条件,各种天气现象也都出现在这一层,因而在该层中有时形成污染物易于扩散的条件,有时又会形成污染物不易扩散的条件。人类活动排放的污染物主要是在对流层中聚集,大气污染也是在这一层发生。因而对流层的状况对人类生活影响最大,与人类关系最密切,是我们研究的主要对象。

2. 平流层

对流层层顶之上的大气为平流层,其上界伸展到约 55km 处。

平流层内温度垂直分布的特点是大气温度随高度的增加而升高。这一方面是由于它受地面辐射影响小,另一方面也是由于该层含有臭氧,存在着臭氧层。臭氧层可直接吸收太阳的紫外线辐射,造成了气温的增加。

臭氧层的存在对地面免受太阳紫外线辐射和宇宙辐射起着很好的防护作用,否则,地面上所有的生命将会由于这种强烈的辐射而致死。然而,近年来,由于地面向大气排放氯氟烃化合物过多,局部臭氧层被消蚀成洞,太阳及宇宙辐射可直接穿过"臭氧空洞"给地球上的生物造成危害。若这种情况继续下去,其后果是非常严重的。因此,保护臭氧层是当今环保问题的紧迫任务之一。

3. 由平流层顶至 85km 处范围内的大气称为中间层。由于该层中没有臭氧这一类可直接吸收太阳辐射能量的组分,因此其温度垂直分布的特点是气温随高度的增加而迅速降

低,其顶部气温可低于190K。中间层底部的空气通过热传导接受了平流层传递的热量,因而温度最高。这种温度分布下高上低的特点,使得中间层空气再次出现强烈的垂直对流运动。

4. 暖层

暖层位于85～800公里的高度之间。这一层空气密度很小,气体在宇宙射线作用下处于电离状态,因此又将其称为电离层。由于电离后的氧能强烈地吸收太阳的短波辐射,使空气迅速升温,因此这一层中气温的分布是随高度的增加而增加,其顶部可达750～1500K。电离层能反射无线电波,对远距离通讯极为重要。

5. 散逸层

暖层顶以上的大气,统称为散逸层,也称为外层大气。该层大气极为稀薄,气温高,分子运动速度快。有的高速运动的粒子能克服地球引力的作用而逃逸到太空中去,所以称其为散逸层。如果按空气组成成分划分大气圈结构,可将大气层分为均质层及非均质层。

(1) 均质层:其顶部高度可达90km,包括了对流层,平流层和中间层。在均质层中,大气中的主要成分氧和氮的比例基本保持不变,只有水汽及微量成分的组成有较大的变动,因此,均质层的主要特点为大气成分是均匀的。

(2) 非均质层:在均质层以上范围的大气统称为非均质层。其特点是气体的组成随高度的增加有很大的变化。非均质层主要包括了暖层和散逸层。

(二) 大气的组成

大气是由多种成分组成的混合气体,该混合气体的组成通常认为应包括如下部分:

1. 干洁空气

干洁空气即干燥清洁空气。它的主要成分为氮、氧和氩,它们在空气的总容积中约占96%～99%。此外还有少量的其他成分,如二氧化碳、氖、氦、氪、氙、氢、臭氧等。

2. 水汽

大气中的水汽含量,比起氮气等主要成分含量,所占的百分比要低得多,但它在大气中的含量随时间、地域、气象条件的不同而变化很大,在干旱地区可低到0.02%,而在温湿地带可高达6%。大气中的水汽含量虽然不大,但对天气变化却起着重要的作用,因而也是大气中重要组分之一。

3. 悬浮微粒

悬浮微粒是指由于自然因素而生成的颗粒物,如岩石的风化、火山爆发等。无论是它的含量、种类,还是化学成分都是变化的。

以上为大气的自然组成。有了这个组成就可以容易地判定大气中的外来污染物。

(三) 大气污染

按照国际标准化组织作出定义:大气污染通常是指由于人类活动和自然过程引起某种物质进入大气中,呈现出足够的浓度,达到了足够的时间并因此而危害了人体的舒适、健康和福利或危害了环境的现象。

大气污染源按污染物发生的分类主要有:工业污染源(主要包括工业用燃料燃烧排放的废气及工业生产过程的排气等);农业污染源(农用燃料燃烧的废气、某些有机氯农药对大气的污染,施用的氮肥分解道理的NOx);生活污染源(民用炉灶及取暖锅炉燃煤排放污染物、焚烧城市垃圾废气、城市垃圾在堆放过程中由于厌氧分解排出二次污染物);交通污染源(交通运输工具燃烧燃料排放污染物)。

（四）大气污染综合防治

我国是世界上大气污染最严重的国家之一。特别是在工业、人口集中的城市,污染程度更为严重。1989年联合国环境保护计划和世界卫生组织根据60个国家连续监测15年的总结报告中,列举了世界上二氧化硫含量最高的10个大城市中,我国就占据了3个:沈阳第二,西安第七,北京第九。

由于大气污染对人类的健康造成了很大的影响,必须采取综合防治的措施,找出对策,争取最大的环境效益和社会效益。

对于大气污染状况,目前采取的综合防治措施有以下几个方面:

1. 加强城镇规划,搞好环境功能分区

加强城镇总体规则和环境保护在城乡规划及选择厂址时应充分分析、研究地形及气象条件对大气污染物扩散能力的影响,并综合考虑生产规模和性质,回收利用技术及净化处理设备效率等因素,做出合理布局或调整不合理的工业布局。应合理进行功能分区,划分明确的功能类别,对不同的功能区要有各自明确的环境目标,按功能区进行总量控制,以最少的投入,获得最大的环境效益。

2. 减少污染排放、实行全过程控制

由于技术设备落后、产业结构的不合理以及管理的不完善,大量的资源能源不是转化为产品,而是变为三废排入环境,这就导致了污染物排放量很大。如果只是末端治理,解决不了全过程的污染排放问题。因此,应进行全过程控制:从原料到成品的全过程控制,即清洁的原料、清洁的生产过程、清洁的产品,从产品进入市场到使用价值丧失这个全过程控制。

3. 节约能源

节能是解决大气污染防治的核心问题。通过减少能源消耗,可有效地减少大气污染物的排放量。如发展城市煤气;实行集中供热等既可有效地控制污染,又可改善供热效果。

4. 污染源治理

这是防止大气污染的必不可少的措施,通过末端净化治理,使污染源的排放达到规定的排放标准,对防治大气污染也是一个积极而有效的措施。

5. 合理利用大气的自净能力,增加烟囱高度

烟囱越高,烟气上升力越强。又由于高空风速大,有利于污染物的扩散稀释,减少地面污染,同时可控制燃料燃烧状态。

6. 绿化

充分利用植物的净化功能。植物本身除有调节气候、吸尘、降噪的功能外,还可吸收大气中的有害污染物,减少对人的危害,同时绿化可以使大气自净的作用增强。因此,有计划地植树造林,开展绿化是大气污染综合防治具有长效性能和多功能的保护措施。

7. 加强管理

我国的环境问题,很多是由于管理不善造成的,为了保证大气污染综合防治的各项措施能有效地实行,除必须有先进的科学技术手段作保证外,加强管理是关键。

二、水污染及其防治

水是地球上一切生命赖以生存、也是人类生活和生产中不可缺少的基本物质之一。根据《1992年世界发展报告》的资料统计,全世界有22个国家严重缺水,其人均水资源占有量

都在 100m³ 以下。另外还有 18 个国家的人均水资源占有量不足 2000m³，如遇到降水少的年份，这些国家也会出现较严重的缺水局面。防治水污染,保护水资源是当今世界性的问题,更是我国城乡普遍面临的当务之急。

地球上的水的总量约有 14 亿 km³,其中 97% 以上分布的海洋中,淡水量仅占 2.8%。而且淡水大部分以两极的冰盖、冰川和深度在 750m 以上的地下水的形式存在,详见表 9-13。

地球上的水		地下水、土壤水	22.4
海水	97.2	湖泊、沼泽	0.35
淡水	2.8		
淡水的分配		大气	0.04
冰盖、冰川	77.2	河流	0.01

水资源定义通常是指可供人们经常使用的水量,即大陆上由大气降水补给的各种地表,地下淡水体的储存量和动态水量。

我国的水资源有:地面水年经流量 26100 亿 m³,地下水储量约 8000 亿 m³,冰山每年融水量约 500 亿 m³,扣除三者重叠部分,我国总的水资源约有 2.8 万亿 m³,虽居世界第六位,但按人口平均计算(按 12 亿人口计),我国人均水资源仅有 2330m³,只有世界人均占有量的 1/4。因此,水资源对我国来说十分宝贵,必须注意保护,保护水资源的一个不可忽视的方面就是防止水污染。

(一) 水污染指标

水污染指标是控制和掌握污水处理设备的处理效果和运行状态的重要依据。

现就一些主要的水污染指标分别简述如下:

1. 生化需氧量(BOD)

生化需氧量(BOD)表示在有氧条件下,好氧微生物氧化分解单位体积水中有机物所消耗的游离氧的数量,常用单位为 mg/L。

2. 化学需氧量(COD)

用强氧化剂——重铬酸钾,在酸性条件下能够将有机物氧化为 H_2O 和 CO_2,此时所测出的耗氧量称为化学需氧量。

3. 总需氧量(TOD)

有机物主要是由碳、氢、氮、硫等元素所组成。当有机物完全被氧化时,C、H、N、S 分别被化为 CO_2、H_2O、和 SO_2,此时的需氧量称为总需氧量(TOD)。

4. 总有机碳(TOC)

总有机碳(TOC)表示的是污水中有机污染物的总含碳量。

5. 悬浮物

悬浮物是通过过滤法测定的,滤后滤膜或滤纸上截留下来的物质即为悬浮固体,它包括部分的胶体物质,单位为 mg/L。

6. 有毒物质

有毒物质是指其达到一定浓度后,对人体健康、水生生物的生长造成危害的物质。由于这类物质危害较大,因此有毒物质含量是污水排放、水体监测和污水处理中的重要水质指标。有毒物质种类繁多,要检测哪些项目,应视具体情况而定。其中,非重金属的氰化物和砷化物及重金属中的汞、镉、铬、铅等,是国际上公认的六大毒物。

7. pH 值

pH 值是反映水的酸碱性强弱的重要指标。它的测定和控制,对维护污水处理设施的正常运行,防止污水处理及输送设备的腐蚀,保护水生生物的生长和水体自净功能都有着重要的实际意义。

8. 大肠菌群数

大肠菌群数是指单位体积水中所含的大肠菌群物的数目,单位为个/L,它是常用的细菌学指标。大肠菌群包括大肠菌等几种大量存在于大肠中的细菌,在一般情况下属非致病菌。如在水中检测出大肠菌群,表明水被粪便所污染。如地面水或饮用水中的大肠菌群数如符合各自的规定,则可以认为是安全的。

(二) 水污染综合防治的主要对策

1. 水环境功能分区是进行水污染综合防治的依据

地面水环境质量标准将水域按功能分为五类:

Ⅰ类:主要适用于源头水、国家级自然保护区;

Ⅱ类:主要适用于集中式生活饮用水水源地一级保护区,珍贵鱼类保护区、鱼虾产卵场等;

Ⅲ类:主要适用于集中式生活饮用水水源地二级保护区,一般鱼类保护区及游泳区;

Ⅳ类:主要适用于一般工业用水,及人体非直接接触的娱乐用水区;

Ⅴ类:主要适用于农业用水区及一般景观要求水域。

(1) 原则与方法 划分原则是:集中式饮用水源地优先保护;水体不得降低现状使用功能,兼顾规划功能;有多种功能的水域,依最高功能划分类别;统筹考虑专业用水标准要求;上下游区域间相互兼顾,适当考虑潜在功能要求;合理利用水体自净能力和环境容量;考虑与陆上工业合理布局相结合;考虑对地下饮用水源地的影响;实用可行,便于管理。

功能区划分方法:根据因地制宜、实事求是的原则,按实测定量、经验分析、行政决策进行。

(2) 按功能区控制污染,保护水资源 按水域功能保护级别,提出控制水污染的要求。如特殊保护水域,指国家《地面水环境质量标准》(GB 3838—88) Ⅰ、Ⅱ类水域。对这类水域不得新建排污口,现有的排污单位由地方环境部门从严控制,以保护受污染水体水质符合规定用途的水质标准。

按功能分区实行总量控制。所谓总量控制是指为了保持某环境功能区的环境目标值,所能容许的某种污染的最大排放量。

2. 制定水污染综合防治规划

坚持综合整治的原则,对规划方案要进行系统分析,达到整体优化。

3. 实行排污许可证制度,对主要污染源逐步由浓度控制向总量控制过渡。

4. 控制乡镇企业的水污染

合理调整产业结构和产品结构,使污染行业所占比例降至 15% 以下。对小电镀厂、小化工厂、印染厂等要严加控制。

三、噪声污染及其控制

近年来,我国的工农业、交通运输业发展迅速,致使噪声污染日趋严重。噪声污染同空气污染、水污染一起,被公认为当今世界的三大公害。在此重点介绍噪声污染及其控制。

(一)噪声污染及其危害

声音是一种物理现象,它在人们的日常工作和学习中起着非常重要的作用,很难想象一个没有声音的世界会是什么样子。然而,人们并不是在任何时候都需要声音,一切声音,当个体心理对其反感时,即成为噪声,它不仅包括杂乱无章不协调的声音,而且也包括影响旁人工作、休息、睡眠、谈话和思考的噪声。因此,凡是使人感到干扰的一切声音都是噪声。

噪声对人的影响因素有三个方面:一是强度(即声音的大小,它的单位是分贝,符号是 dB);二是音调(即声音的频率,它的单位是赫兹,符号是 Hz);三是时间特性(持续不变或随时间变化或间歇出现或短促突发)。

1. 噪声的来源及分类

产生噪声的声源称为噪声源。若按噪声产生的机理来划分,可将噪声分为机械噪声、空气动力性噪声和电磁性噪声三大类。

机械噪声是指机械设备运转时,各部件之间的相互撞击、摩擦道理的交变机械作用力使设备金属圈、轴承、齿轮或其他运动部件发生振动而辐射出来的噪声。如锻锤、织机、机床、机车等产生的噪声。机械噪声又可分为撞击噪声、激发噪声、摩擦噪声、结构噪声、轴承噪声和齿轮噪声等。

空气动力性噪声是指引风机、鼓风机、空气压缩机运转时,叶片高速旋转会使叶片两侧的空气发生压力突变,气体通过进、排气口时激发声波产生噪声,称为空气动力性噪声。按发生机理又可分为喷射噪声、涡流噪声、旋转噪声、燃烧噪声等。

电磁性噪声是指由于电机等的交变力相互作用而产生的噪声称为电磁性噪声。如电流和磁场的相互作用产生的噪声,发电机、变压器的噪声等。

2. 城市噪声

与人们密切相关的是城市噪声,它的来源大致可分为工厂生产噪声、交通噪声、施工噪声和社会噪声等。

工厂生产噪声是指地处居民区而没有声学措施或防护设施不好的工厂辐射处的噪声,对居民的日常生活干扰十分严重。我国工业企业噪声调查结构表明,一般电子工业和轻工业的噪声在 90dB 以下,纺织厂噪声约为 90~106dB,机械工业噪声为 80~120dB、凿岩机、大型球磨机为 120dB、风铲、负镐、大型鼓风机在 120dB 以上。发电厂高压锅炉、大型鼓风机、空压机放空排气时,排气口附近的噪声级可高达 110~150dB,传到居民区常常超过 90dB。工厂噪声是造成职业性耳聋的重要原因。

交通噪声是指城市噪声主要来自交通噪声。载重汽车、公共汽车、拖拉机等重型车辆的行进噪声约为 89~92dB、电喇叭大约为 90~100dB、汽喇叭大约为 105~110dB(距行驶车辆 5m 处)。一般大型喷气客机起飞时,距跑道两侧 1km 内语言通讯受干扰,4km 内不能睡眠和休息。超音速客机在 1500m 高空飞行时,其压力波可达 30~50km 范围的地面,使很多人受到影响。

施工噪声是指随着我国城市现代化的建设,城市建筑施工噪声越来越严重。尽管建筑施工噪声具有暂时性,但是由于城市人口骤增,施工任务繁增,施工面大且工期较长,造成的噪声污染愈加严重。据有关部门统计,距建筑施工机械设备 10m 处,打桩机为 88dB,推土机、刮土机为 91dB,这些施工噪声不但会给操作工人带来危害,而且会给当地居民的生活和休息带来严重的影响。

社会噪声主要是指社会人群活动出现的噪声。例如:人们的喧闹声、沿街的吆喝声,以及家用洗衣机、收音机、缝纫机发出的声音都属于社会噪声。这些噪声会直接干扰人们正常的工作、学习和生活。

3. 噪声污染及其危害

噪声污染是当今世界环境污染的重要危害。是一种危害人类环境的公害。

据北京、上海、天津、广州等十几个大城市的统计,噪声扰民诉讼事件占污染事件总数的百分比逐年增高,1979 年是 29.7%、1980 年是 34.6%、1981 年是 44.8%、到 1990 年上升为 50%,由此可见,随着社会的发展和经济改革的不断深入,人们对居住区的环境保护意识也在不断增强,因此作为物业管理工作者也应成为环保问题的专家。

噪声污染会给人类带来很多危害。吵闹的噪声使人讨厌、烦恼、精神不宜集中,影响工作效率,妨碍休息、睡眠。在强烈的噪声下,容易掩盖交谈和危险警报信号,分散人的注意力,发生工伤事故。据世界卫生组织估计,美国每年由于噪声的影响而带来的工伤事故,不上工及低效率工作所造成的损失将近 40 亿美元。

在强噪声下,听觉引起暂时性听阈上移,听力变迟钝,称为听觉疲劳。据统计噪声级在 80dB 以下时,能保证长期工作不致耳聋;在 85dB 的条件下,有 10% 的人可能产生职业性耳聋;在 90dB 的条件下,有 20% 的人可能产生职业性耳聋。

如果人们突然暴露在 140~160dB 的高强度噪声下,就会使听觉器官发生急性外伤,引起鼓膜破裂流血,螺旋体从基底急性剥离,双耳完全失听。长期在强噪声下工作的工人,除了耳聋外,还有头昏、头痛、神经衰弱、消化不良等症状,往往导致高血压和心血管病。

由此可见,噪声对人类的危害极大,随着人类文明程度不断的提高,人们对噪声污染的控制会得到逐步的改善。

(二)我国住宅的声学标准

1. 几个声学术语简介

(1)A 声级 L_A——是将声音加以计算的,使测量后的声级符合人耳的听觉特性,用符号 L_A 表示。

(2)等效连续 A 声级 Leq:在一定的时间内,其噪声暴露的能量与同一时间内实际存在的各声级所暴露的能量之和相等的连续噪声声级,以分贝(A)计。

(3)累计分布声级 L_N:在一段时间内超过 N% 的 A 声级。例如:L90 即为 90% 超过的 A 声级,通常用其估算环境噪声级。

2. 制定声学标准的要求与原则

一要符合人们的需要,二是经济与技术条件的允许,即需要和可能。

3. 住宅中允许标准的制定

通过调查和测定,了解人们睡眠、工作、交谈与休息时对声环境的要求,表 9-14、表 9-15、表 9-16 是中国科学院声学所提出的人们在不同情况下对噪声要求的理想值与极限值。

保证睡眠与劳动的 A 声级 表 9-14

适 用 范 围	理想值分贝(A)	极限值分贝(A)	适 用 范 围	理想值分贝(A)	极限值分贝(A)
睡　眠	30	50	体力劳动	70	90
脑力劳动	40	60			

我国城市住宅室内允许噪声标准 表 9-15

房 间 名 称	允许噪声标准分贝(A)		
	一　级	二　级	三　级
卧　室	40	45	50
起 居 室	45	50	50

城市区域环境噪声标准(GB 3096—82)单位:等效声级,[分贝(A)] 表 9-16

适 用 区 域	昼 间	夜 间	适 用 区 域	昼 间	夜 间
(1) 特殊住宅区	45	35	(4) 二类混合区、商业中心区	60	50
(2) 居民、文教区	50	40	(5) 工业集中区	65	55
(3) 一类混合区	55	45	(6) 交通干扰道路两侧	70	55

我国制定的城市住宅室内允许噪声标准,按建筑等级分为三级,是民用建筑设计规范的一部分。

我国制定的城市区域环境噪声标准,把这一标准与住宅室内允许噪声标准对照可以看出城市干道两侧建造住宅的矛盾,交通干道两侧住宅窗外 1m 处允许噪声标准是 70dB,而室内允许噪声标准是 40~45dB,两者相差 25~30dB。开窗时,室内声级可比室外声级小10dB 左右。这样,即使室外环境噪声满足了区域环境噪声标准的要求,室内噪声级还超出室内噪声允许标准 15~20dB。

在以上介绍的"室内允许噪声标准"中,二级标准为 45dB,"城市区域噪声标准"在交通干道的住宅窗前 1m 处为 70dB,二者相差 25dB;而"机动车辆最大允许噪声级"中卡车为84~89dB(人行道边外),经过人行道边到住宅窗前不过 20~30m,距离衰减不过 10~15dB,这与区域噪声标准亦有一定的差距,这说明干道到住宅、住宅窗内外都要采取措施才能满足要求,否则是达不到民用建筑设计规范的标准要求。

4. 居住建筑隔声标准

为了保证居住者有一个良好的声环境,避免或减轻住户之间的干扰,许多发达国家从20 世纪 30~50 年代前后,根据本国情况,判定了隔声标准,规定了在不同情况下不同部位构件的隔声量。我国直至 20 世纪 80 年代才制订了国家标准,但现今生活内容发生了相当大的变化,如:

(1) 由于生活水平的不断提高、住宅内增加了大量的收录机、组合音响、家庭影院、全自动洗衣机、甚至钢琴、电子琴等,住宅内的噪声源强度增加,因此加大了互相干扰。

(2) 随着生活水平的不断提高,居民更加追求居住的生活质量,因此对声环境的要求也相应地提高了。

(3) 新的建筑体系与高层建筑的不断发展,采用新型的轻质构件,而对其隔声能力考虑较少。

住宅的隔声标准是在大量的调查基础上制订的。表 9-17 是分户墙与楼板空气隔声标准。

楼板撞击声隔声标准见表 9-18。在目前的居住区设计中,特别是高层住宅很难达到这一标准,这必须引起大家的足够重视。

分户墙与楼板空气声隔声标准   表 9-17

空气声隔声等级	一 级	二 级	三 级
隔声指数 I_a(分贝)	≥50	≥45	≥40

楼板撞击声隔声标准   表 9-18

撞击声隔声等级	一 级	二 级
隔声指数 I_i(分贝)	≤65	≤75

(4) 分户墙应达到国家二级标准,即 I_a≥45dB。

(三) 噪声污染的改进措施

如上所述,住宅的声环境质量是急待改善的,在干扰居民的噪声中,室外噪声主要是交通噪声;室内噪声主要是楼板撞击声。实践证明,采取必要的措施是可以使居住区的声环境得到改善。

1. 声环境改善包括的内容

(1) 调查环境噪声现状、了解居民意见 制定出切实可行的标准,以及相应的噪声管理法规,对难以控制的固定噪声源,如工厂设备噪声动员其搬迁、对于交通噪声进行车流整理,限制重视卡车行走的路线。

(2) 在居住区建设前应对噪声情况进行实测,根据预测的结果与室内允许标准采取相应的防噪声与隔声措施。

(3) 在实施城市总体规划时,应按噪声等级进行合理分区,尽量使噪声源远离居民区。

(4) 在住宅的剖面设计中,使卧室等要求安静的房间布置在较安静的一侧,设备间如(电梯间)应集中布置,并注意降低住宅中设备的噪声级,提高住宅结构构件的隔声能力。综上所述,可归纳出住宅噪声控制图如图 9-1 所示。

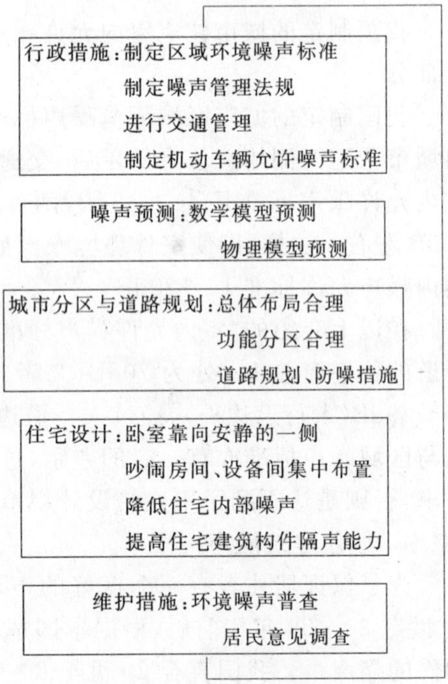

行政措施:制定区域环境噪声标准
　　　　　制定噪声管理法规
　　　　　进行交通管理
　　　　　制定机动车辆允许噪声标准

噪声预测:数学模型预测
　　　　　物理模型预测

城市分区与道路规划:总体布局合理
　　　　　　　　　　　功能分区合理
　　　　　　　　　　　道路规划、防噪措施

住宅设计:卧室靠向安静的一侧
　　　　　吵闹房间、设备间集中布置
　　　　　降低住宅内部噪声
　　　　　提高住宅建筑构件隔声能力

维护措施:环境噪声普查
　　　　　居民意见调查

图 9-1　住宅噪声控制图

2. 采取行政措施控制噪声

控制噪声只靠技术手段解决问题还不够,还必须配合行使措施。并制订出相关的法规,北京市人民政府于 1984 年 3 月颁布了《北京市环境噪声管理条例》,1986 年上海市人民政府批转了上海市环保局制定的《上海市固定源噪声污染控制管理方法》。1996 年 1 月 9 日天津市人民政府批准施行了《天津市环境噪声污染防治管理办法》,这些行政法规,为防治环境噪声污染、保障人们有良好的生活环境、保证人民身体健康,起到非常重要的作用。

在住宅区中难以治理的固定噪声源应令其搬迁。在交通管理中,限制过境车穿越市区或住宅区,在市区内禁止汽车鸣喇叭,在住宅区禁止乱用室外广播的高声喇叭。

3. 城市分区与道路规划

在城市总体规划设计时,应考虑噪声控制的要求进行功能分区,即把工业区、商业区与住宅区分开,避免铁路穿过市区,航空港应设置在远离市区地。

在城市道路网规划中,应按道路的功能和性质进行分类、分级。分清交通性干道和生活性道路。

交通性干道主要承担城市对外交通和货运交通,应避免穿越市中心区和住宅区,可规划成环行道等从城市边缘绕过去。当交通干道必须穿越市中心或住宅区时,应对其采取防噪措施,如声屏障等。

4. 小区选址与总图设计

在小区选址过程中应进行噪声预测。现在大多数采用物理模型与数据模型预测该地区噪声。在居住区规划时,除了要控制交通噪声干扰外,对住宅区内部噪声亦不应忽视。如农贸市场、中小学校操场、儿童游戏场以及锅炉房等应尽量布置在远离住宅区处。

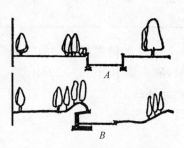

图 9-2　交通干道防噪断面设计

5. 声屏障与绿化

在建筑物与干道之间设置专门的声屏障,降低在它们后面住宅区的噪声,它们可以是土丘、绿篱、混凝土甚至玻璃的结构物。详见图 9-2、图 9-3、图 9-4 是几种常见的声屏障形式。

图 9-3　利用绿化土堤防噪

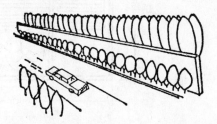

图 9-4　声屏障与绿化相结合的防噪措施

6. 住宅平面设计与构件设计中的防噪

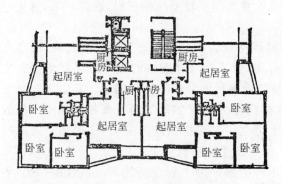

图 9-5　在声学上布局合理的住宅方案

对于住宅的平面设计与构件设计可以说是环境噪声控制的最后一道防线。在设计中应考虑的噪声问题有:平面布局中的防噪、外空与阳台的设计、隔墙与楼板的隔声,分户门的隔声以及设备与管道的噪声控制。

(1) 平面的设计原则是将要求安静的房间布置在背向噪声源的一侧。另外将厨房、厕所集中布置,并要求上下对正、管道要布置在厨、厕的墙壁上。电梯间、楼梯间不

135

要布置在卧室的侧面。见图 9-5 是一个声学上布置合理的住宅平面设计。

（2）在外墙隔声中，由于窗的隔声能力较差，所以其综合声量是较低的，通常单层能开启的窗，在关窗时，其室内外声级差只有 15～20dB，开窗时为 10dB±5dB。因此，在沿干道两侧的住宅中噪声都达不到标准的要求，往往要相当 15～25dB。

可利用封闭式外廊、封闭阳台降噪。封闭式外廊在高层住宅中较普遍使用，将阳台封闭其费用并不太多，但降噪效果是明显的。表 9-19 是封闭式外廊的降噪效果。

临街面设外廊的降噪的效果分贝（A）

临街面设外廊的降噪效果分贝（A）　　　　　　　　　　　　表 9-19

	窗 全 开			窗 全 关		
	户外 1m	房 间 内	衰 减 量	户外 1m	房 间 内	衰 减 量
无 外 廊	67	61.5	5.5	68	49	19
有 外 廊	70.5	58.5	12	68	38	30

（3）如何提高外窗的隔声能力是沿街住宅防噪声的关键问题，一般的钢窗当完全关闭时，隔声量不过 15～20dB，即使全封闭的钢窗亦不过近于 30dB，达不到允许的噪声标准。在此基础上，经过大量测实，研制出"组合隔声窗"如图 9-6 其热工性能及隔声方面基本上满足了要求。

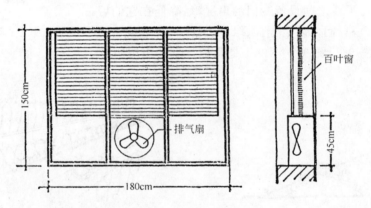

图 9-6　热工试验时的组合隔声窗

（4）提高轻质隔墙的隔声能力，随着大量的住宅建设与高层建筑的发展，要求建筑工业化的程度越来越多，要求建筑物减轻自重，因此大量采用了轻型结构材料，这样一来，这类建筑中的隔声问题成为一个突出的矛盾。

过去的住宅中大多为 240mm 原砖墙，其隔声指数为 53dB，住户一般是满意的，而现在的轻墙其隔声指数只有 30dB，邻居讲话清晰可闻，为了改善轻质墙的隔声效果我们研究出一些能满足并达到国家标准的构造方案。图 9-7 为满足国家标准的轻型墙。其中主要是我国能大量生产的纸面石膏板，单层每平方米重量只有 10kg。四层纸面石膏板墙的隔声指数可以达到 50～55dB，而它的重量只有砖墙的十分之一。根据国内外经验，从增加空气层厚度或在其中填加吸声材料来解决其隔声效果，采取的主要措施如下：

（5）楼板撞击声的隔绝　在建筑中对撞击声的隔绝是十分重要的。与空气声相比，它的影响范围更广泛，由撞击引起的声级一般较高，而且是无规则的，更能引起人们的烦躁。

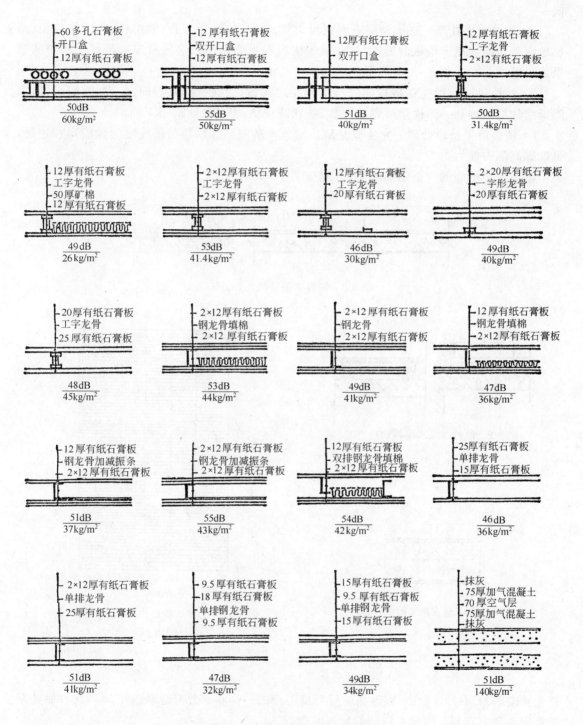

图 9-7　满足国家标准的轻型墙

尤其是轻型楼板的情况更为严重。一户打击地板,几十户会受到干扰。这是因为撞击声波沿着固体传播时,声能衰减极少的缘故。楼板与四周墙体的刚性连接,将撞击楼板的振动能量沿结构向四外传播,导致其他结构也辐射声能。改善楼板撞击声隔声的措施主要有三方面：

1) 弹性面层处理　在结构层表面辅设柔软材料(地毯、橡胶布、软木板、再生橡胶板、塑料地面等)，减弱撞击楼板的能量，从而减弱楼板本身的振动。这种措施对降低高频声的效果最显著。

2) 弹性垫层处理　在楼板面层与结构层之间做弹性垫层(如岩棉、矿棉、橡胶板等)以降低结构层的振动。弹性垫可做成片状、条状或块状，将其放在面层下面。

3) 楼板下做吊顶处理　它主要是解决空气声的隔绝。吊顶与楼板之间做成弹性连接，可以提高隔声能力。

以上三种措施的构造图如图9-8、图9-9、图9-10所示。

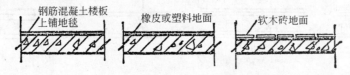

图9-8　楼板面层处理几种做法

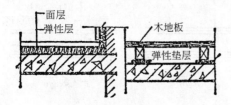

图9-9　两种浮筑式楼板构造方案

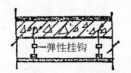

图9-10　隔声吊顶构造方案

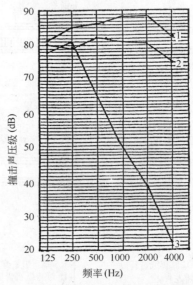

图9-11　三种试验性楼板隔声效果比较

1—25mm 井字形混凝土板，$L_N=85dB$；2—同 1，加 10mm 塑料吊顶，$L_N=79.4dB$；3—同 1，加 10mm 塑料板地板，$L_N=55.8dBm$

从图9-11中可以看出，加辅面层后对撞击声的中高频部分有显著的下降。这种做法对工业化和住宅有利。因此有广阔的发展前途。

课后阅读参考材料

1.《中华人民共和国环境保护法》——1989 年 12 月 26 日第七届全国人民代表大会常务委员会第十一次会议通过

2.《中华人民共和国环境噪声污染防治法》——(1996 年 10 月 29 日第八届全国人民代表大会常务委员会第二十二次会议通过）

3.《天津市环境噪声污染防治管理办法》——天津市人民政府令[1996]55 号

《天津市市区污水外溢治理暂行规》

复习思考题

1. 简述环境管理的八项制度。

2. 简述大气污染的防治措施。

3. 简述水污染的防治措施。

4. 简述噪声污染的防治措施。

参 考 文 献

1　城市居住区规划设计规范.中华人民共和国建设部,国家技术监督局,2002

2　白德懋主编.居住区规划与环境设计.北京:中国建筑工业出版社

3　杨国龙,谢刚主编.物业管理实务.北京:中国经济出版社,1996

4　张跃庆主编.物业管理.经济时报出版社

5　王青兰主编.物业管理导论.北京:中国建筑工业出版社,2000

6　王青兰主编.物业管理概论与实务.高教出版社,1998

7　李玉英,丁振国主编.智能建筑.上海:上海财经大学出版社,2001

8　盛承懋,郑裴琴,范克危主编.物业管理实习手册.东南大学出版社,2000

9　贾玉梅、张秀萍主编.物业管理环境管理.高等教育出版社,2000

10　钱民强主编.谈谈健康住宅.住宅科技出版社,2003(6)

11　李伟主编.生态小区的管理与浇水系统,2003(8)

12　杨倩红主编.小区污水再利用浅析,住宅科技,2003(3)

13　徐立群主编.小区水井设计探论.住宅科技,2003(3)

14　上海市新建住宅小区环境建设导则,2003

15　毕建玲主编.浅谈生态住宅,2003(3)

16　童悦仲主编.居住健康与住宅性能认定,2003(9)

17　刘师汉主编.园林绿化基础知识

18　徐峰主编.城市园林绿地设计与施工

19　城市居住区规划设计规范,中华人民共和国建设部,1993

20　刘天齐主编.环境保护,化学工业出版社,2000(8)

21　高层民用建筑设计防火规范,中华人民共和国建设部,1997(6)